実践講座⑬

霊符秘典

五色彩色

大宮司朗 著

BNP
ビイング・ネット・プレス

目次

五色彩色　霊符秘典

3　護身除難

4　治病健康

5 霊的防衛・霊力発現

霊符とは何か——なぜ効験あらたかなのか

本書をお買い求めいただいた方の中には霊符についてすでにご存知の方も多いことと思いますが、はじめて霊符に触れられる方のために霊符についての基本的な事柄を簡略ながらここに記しておきます。より詳しく知りたい方は、拙著『書写 霊符秘伝』などを参照してください。

霊符は、紙や木などに文字や絵、記号のようなものを書いた呪力のあるお札です。そこに描かれている図形は、太古において大神霊が、宇宙の真象を写しとったのが始まりと言われ、その神秘的な図形に対して天地が共鳴し、人智を越えた不思議な力を発揮するものです。

また、ある種の霊符に描かれた図形は、神が定められた形であり、宇宙の玄妙（げんみょう）な理（ことわり）をあらわしたもので、それ自体が不思議な力を持っています。この図形は、神的存在の根源的元型ですから、現実世界と本源的な世界を結ぶ媒介となって神を招き、その力を呼び込むのです。

あるいは玄妙にして神聖な存在と人間の間に霊的な密約が結ばれ、現界にもたらされた霊符もあり、そうしたものには神霊の息吹が感通しており、神霊の特別な加護があるのです。霊符によっては、それを持つ者を守護するようにという偉大な神の命令が込められているのです。

さらには、本来、人間は宇宙の縮図であり、神の分霊をいただく存在なのです。つまり私たちは、神の分身として自らの内に無限の霊力を秘めており、どのような願いをも可能にする力を持っているのです。そして霊符こそがその秘められた力に働きかけ、人間の可能性を引き出すものなのです。

そもそも、絶対的な神である天之御中主神（あめのみなかぬしのかみ）が天地万物を産（むす）び出そうという気持ちを持たれた時に、その念が働いて高御産巣日神（たかみむすひのかみ）、神産巣日神（かみむすひのかみ）が顕現し、この三神が一体となって一切のものを生み出す根源的な存在として働かれました。人もまた天之御中主神の一部を受け継いだ小御中主神であり、人の心霊も宇宙の偉大な力の一部です。ですから神の一部分である人が、神我一体の心力を発動する時は、たちまち全勢力に波及し、不可思議な応験が現れるのです。

霊符は、神秘的な形象の持つ力、あるいは神霊の加護により、その人の霊力や真摯な生き方に感応し、様々な願望を成就し、邪霊を封じ、あらゆる災いを避け、富をもたらし、健康と長寿を与え、さらには超能力さえも獲得させてくれます。

この生きにくい現代社会において、霊符こそは私たちに降された神霊からの贈り物です。しかしこれを使用するにあたっては、使用する人の心がけが大切であることは言うまでもありません。読者におかれましては、この霊符を利用することで、様々な困難を乗り越えられ、無病息災で富み栄えられんことを祈ってやみません。

霊符の使い方

　本書に掲載された霊符の多くは、色紙に墨以外の色をも用いて書くもので、書写するには色紙や墨以外の顔料などを用意しなければならず、また様々な作法があることから、一般の方には浄書しにくいところがあります。そこで本書では、効験あらたかなカラーの霊符を厳選し、切り取って使えるように謹製しました。これなら、誰でも簡単にこの美しいカラーの霊符をご利用いただけます。

　もちろんさらなる効験を求めて書写されてもかまいません。その際は、『書写 霊符秘伝』（BNP刊）に詳しく書写の作法が掲載されていますので、そちらをご覧ください。ここでは、切って使うための作法を紹介しましょう。この作法は非常に簡単ですので、必ず実行してください。これを省く（はぶく）とせっかくの霊符の効験も得られませんので、くれぐれもご注意ください。

(1)言霊の祓い

霊符を使用するうえで欠かせないのが開眼法ですが、霊符のいっそうの効験を得るために、開眼法を修する前に、できれば言霊で祓いをするのがよいでしょう。まず、手を洗い口をすすぎます。そして、使用しようと思う霊符を切り取って神棚あるいは机の上に置き、二拝（二度おじぎ）してから次の禊祓詞(みそぎはらえのことば)を奏上します。

高天原(たかまのはら)に神留(かむづま)り坐(ま)す
神漏岐(かむろぎ)神漏美(かむろみ)の命(みこと)以(もつ)て
皇御祖神(すめおやかむ)伊邪那岐之命(いざなぎのみこと)筑紫日向(つくしひむか)の橘(たちばな)の小門(おど)之阿波岐原(のあわぎはら)に
身滌祓(みそぎはらい)給(たま)う時に生坐(あれませ)る
祓戸之大神等(はらえどのおおかみたち)諸々(もろもろ)禍事罪穢(まがことつみけがれ)を
祓え給い清め給えと白す事の由(よし)を
天津神地津神(あまつかみくにつかみ)
八百万之神等共(やおよろずのかみたちとも)に
天の斑駒(ふちこま)の耳振(みみふ)り立(た)て所聞食(きこしめせ)と畏(かしこ)み畏みも白(もう)す

二礼二拍手一拝（二度おじぎし、二度手を打ち一度おじぎ）して終わる。
奏上は、一句一句正確に真心を込めて行ってください。

(2)開眼法

(1)の「言霊の祓い」は時間がなければ省いてもかまいませんが、霊符を利用するにあたって必ずしなければならないことに、霊符の開眼法があります。霊符の効験は、開眼法によって符に気を込めることで生まれます。神社やお寺の御札も開眼法を修したうえで授けられています。しかし正式な開眼法は煩雑でむずかしいため、ここでは簡単で効験豊かな「大宮式開眼法」を紹介しましょう。

①手を洗い口をすすぐ。(「言霊祓い」を行った場合は、ここでは省きます。)
②熱を感じるようになるまで両手の平をよく擦り合わせます。
③両手の間に開眼して霊あらしめようとする霊符を挟んで、眼前で合掌します。
④そして「天地(てんち)の玄気(げんき)を受けて福寿光無量(ふくじゅこうむりょう)」と七回唱えます。

これで天地に充満する神気が霊符にこもり、玄妙なる宇宙に共鳴し神霊と感応する霊符となるのです。その結果、人によっては、手にピリピリと電気のようなものが感じられます。

(3)使用法

最後に霊符の使用法(符法)です。基本的な使用法には、佩帯(はいたい)符法、貼懸(てんけん)符法、祭祀(さいし)符法、呑服(どんぷく)符法などがあります。

①佩帯符法

これは腰につけるなど身に帯びる方法です。一般的に男性は身体の左側、女性は右側につけるといっそう効験があるとされています。

お守り袋などに入れるのがよいのですが、バッグや定期入れ、財布などに入れて所持する際は、汚れないようにポチ袋などに入れてください。また、霊符はできるだけ折らない方がよい。ただし大きくて入らない場合は丁寧に折るよう注意してください。

②貼懸符法

室内や門柱、魑魅魍魎（ちみもうりょう）の出そうなところに貼ったり、掛けたりする方法です。通常は白紙に包むか、袋などに入れて糊（のり）、セロテープ、両面テープなどで貼ればよいのですが、ベタベタ貼って霊符を汚さないように気をつけてください。また画鋲（がびょう）で直接霊符をとめるのはよくありません。霊符に傷がつく恐れがあるからです。

なお、邪気除けの霊符は、家の中のなんとなく悪い気を感じる場所に貼り、家内安全や家族和合のような符は、清潔で感じのよい目より高い位置に貼ります。

③祭祀符法

神棚に祀るか、神棚がない場合は、目の高さより高い正常な場所に安置し祀ります。

なお、本誌17～36頁で紹介している五岳真形図（ごがくしんぎょうず）・五方上帝真符（ごほうじょうていしんふ）は、フォトフレームに入れていただけるように、ポストカードの大きさになっています。

④呑服符法

符を呑む符法ですが、衛生上などの問題がありますので、ここでは、水に霊符を転写して、その水を飲む方法を紹介します。コップやお茶碗に清浄な水を入れ、そこに2本の箸を渡し、その上に霊符を置いて霊図や字を水に映します。そしてその水を呑みます。ただし、ほとんどの霊符は、所持するだけで充分な霊験がありますので、呑むことにこだわる必要はありません。

(4)霊符の選び方

最後に霊符の選び方について記しておきましょう。

自分にあった霊符を選ぶのも、実は案外むずかしいことなのです。たとえば、お金持ちになりたいという願望も、もしお金持ちになれないのは積極性に欠けるのが原因の一つだとしたら、心と身体にパワーをつけるような符をまず使用するのがよいかもしれません。

また霊符の効験は、その人の過去世からの霊的な因縁によったり、その人の心的変化に伴う気線の通、不通によったりとさまざまです。よって同じような霊験の霊符であってもどれがあなたにとって最も相応しいかは、人それぞれの霊的な気線によって効験も微妙に変化しますので、霊的つながりが感じられる符を使うようにするのがよいでしょう。

自分には関係ない符だと見過ごしていた符も、実は大事な符かもしれません。よく自分を見つめ直し、自分が本当に必要とするものは何かを考え、自分が本当に必要とする符を見つけ、使用し、体験を重ね、自分に合った符を探し出してください。

そうすればきっと、よりよい人生が切り開かれることと思います。

こんな時、どうすればいい？

Q **一度に、何枚も持ってはいけないでしょうか。**

A 本当に必要であるならば、何枚かの符を同時に持ってもかまいません。ただしその前によく自分が真実何を一番欲しているのかを考え、その成就を願うほうが効果はよりすみやかです。

Q **人に見られてもOK？**

A 原則として他人に見せたり見られたりしてはいけません。霊的パワーが損なわれます。また、霊符は神聖なものですから、いたずらに霊符を所持していることや祀ったりしていることを吹聴してはいけません。

Q　紛失したらどうすればよいでしょうか。

A　霊符を失うのはもちろんよいことではありません。願い事の成就が難しくなったり、邪魔が入りやすくなったり、変化が起きやすくなったりしますので充分な注意が必要です。できるだけ早く真摯な気持ちで新しい霊符を御魂入れをして所持し、よりいっそうの精進、努力をしてください。

Q　汚れた霊符はどうすればよいでしょうか。

A　霊符が汚れるのは、紛失した場合と同様、あまりよいことではありません。しかし災難除けなどの霊符の場合、霊符が身代わりになってくれたという場合もあります。いずれにしろ、新しいお札に御魂入れをし、所持してください。霊符の処分の仕方は次ページ「願いがかなったら霊符はどうすればいいですか」をご覧ください。

Q　願いがかなえられない、効き目が感じられない、何か間違っているのでしょうか。

A　霊符は神霊の加護によって所持している人に何らかの作用を及ぼします。もしまったく効き目がないというなら、霊符をおろそかに扱っていないかなど、もう一度見直してください。そして何よりも大事なことは、精進、努力することです。人事を尽くして天命を待つともいいます。霊符の霊験にだけ頼って精進、努力しなければ、霊験は望めません。

Q 効能の期限はどれくらいでしょうか。

A 特に何日といったような決まった期限はありません。ただし、汚れたり、あまり時が経つと符気が衰えたりすることがありますので、新しい霊符に変えるのがよいでしょう。また、願望成就や病気平癒などの符は、願い事が成就したときが期限と考えられますので、神霊の加護に感謝して神社などでお焚きあげしていただくか、浄火で焼くのがよいでしょう。

Q 願いがかなったら霊符はどうすればいいですか。

A 9ページで紹介した「禊祓詞」を奏上し、切り火などで清めた浄火で燃やしてその灰を清流に流すか山中に埋めるなどの方法がありますが、いちばん手軽でおすすめなのは神社やお寺のお焚きあげに出すことでしょう。神社やお寺では、古い神札やお守りをお祓いしてお焚きあげしています。けっしてゴミ箱などに捨てるなどといった霊符をおろそかにするようなことはしないでください。

五色彩色　霊符秘典

◉最古で最強の霊符

五岳真形図（17〜25頁）

天地開闢のとき、道教の最高位の神仙である太上老君は、虚空から天地四方を見下ろし、中央に崑崙山を樹立して中岳とし、その四方に東岳・西岳・南岳・北岳を設け、それぞれに黄帝・青帝・赤帝・白帝・黒帝の住むところとして世界の鎮護としました。そしてこの五岳の気の形状や霊的な形を天から見て霊写したものが五岳真形図で、五岳真形図こそが最古の霊符、霊符の根源であるというわけです。

そして太上老君は、天地、山河のいっさいの神々に、この霊符を所持する者を守護すべしと命じました。故にこの霊符は、除災招福、無病長命などすべてに対して霊的な力を持つ最強の符なのです。

その霊験は、流行病をはじめとし、様々な病気の侵入を防ぎ、すでに病気になっている人は快癒し、災難・災害をまぬがれ、立身出世が約束され、大漁、豊作、商売繁盛し、金銀財宝が集まり富貴になるというものです。

ここでは現代に伝わる真形図の中から五符を紹介します。これはと感じられた真形図をフォトフレームなどに入れて用いてください。

また28頁〜36頁の五方上帝真符は東西南北中央の真符を、それぞれ目的に応じて使用してください。

◎衡岳志五岳図【五岳真形図】

◎石刻五岳図（せっこくごがくず）【五岳真形図】

◎五岳山人沔陽陳文燭　玉　叔印章　五岳図【五岳真形図】

◎異本五岳図（1）

【五岳真形図】

◎異本五岳図（2）【五岳真形図】

◎東方蒼帝青符（とうほうそうていせいふ）【五方上帝真符】

この霊符は長寿を達成し、会社員は大いに出世、すべての願い事は成就、思いのまま満足を得ることができるという符です。

◎北方玄帝黒符（ほっぽうげんていこくふ）【五方上帝真符】

敵を退散させ、妖怪を滅ぼします。また、長寿を得、家門は繁栄し、願望は思うままに成就するというありがたい符です。

◎西方素帝白符【五方上帝真符】

この符はとくに、金銀財宝や衣服が思いのまま手に入り、家や蔵がお金や財物で満ち溢れるという符です。

◎南方朱帝赤符（なんぽうしゅていせきふ）【五方上帝真符】

災いを除き、無事に暮らすことができる符です。心身は健康を保ち、病を防ぎ、すでに患っている人は快復することでしょう。

◎中央黄帝元符【五方上帝真符】

この符を所持する人は、愛嬌が増し、地位が高まります。家庭は平安で、子供や孫はますます繁栄します。

◉幸せな生活を約束

南岳太祖紫光真君御真符（なんがくたいそしこうしんくんごしんぷ）

この霊符を所持する人は、寿命が延び、心身は健康で安穏にして、諸々の災難に遭うことなく、いさかいや病気から逃れることができ、幸せな生活を送れるでしょう。

◉立身出世する

中岳太祖黄元真君御真符（ちゅうがくたいそこうげんしんくんごしんぷ）

職場では高い地位を得、その名は各界に知られるようになり、人々に敬愛されます。また災いは消え、すべて事は順調に運び、幸運がもたらされ、成功することでしょう。

◉万事願い事が成就

東岳太祖蒼光真君御真符

とうがくたいそそうこうしんくんごしんぷ

職に恵まれ出世し、財福を得て富貴となり、長寿を実現し、願い事はかないます。この符を所持していれば、貴方の人生は喜びに満ちたものとなるでしょう。

◉商売が繁盛して利益を得る

商売利得符

しょうばいりとくふ

競争が激しく、価格破壊が進み、簡単には利益を得られない大変な時代です。しかし商売人は、嘆いているだけでは生きていけません。この霊符を祀って、知恵と行動力で難局を切り抜け、商売を繁盛させ、利益を得てください。

◉お金持ちになる
金銀入宅符（きんぎんにゅうたくふ）

お金はいくらあっても困るものではありません。お金持ちになりたい人は、この符を神棚に祀ってください。きっと充分なお金が家に入ってくることでしょう。でも、欲に目がくらまないようにご注意のほどを。

◉財物が集まる
財宝珍具符（ざいほうちんぐふ）

物の価値はそれを求める人次第。いくらお金を積んでも欲しいと思う人にとっては、その価値は計り知れません。金銭だけでなく、宝石や美術・工芸品、骨董品などを望むなら、この霊符を所持するか家の中に貼ってください。

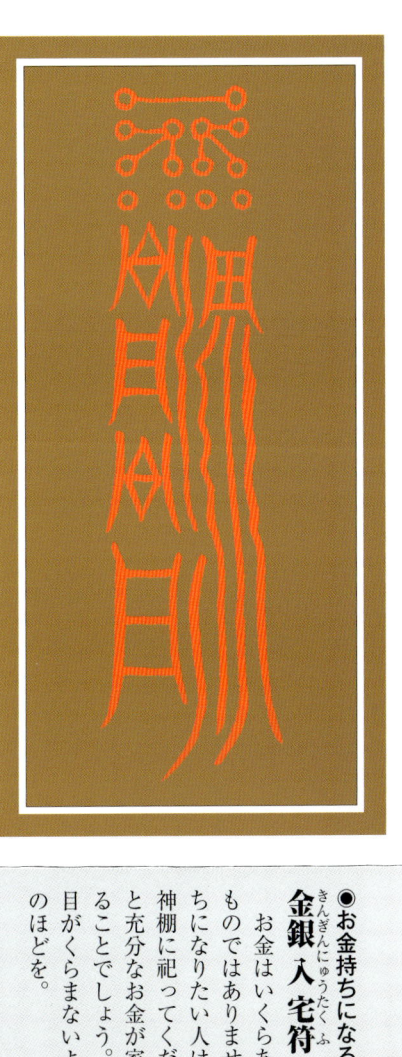

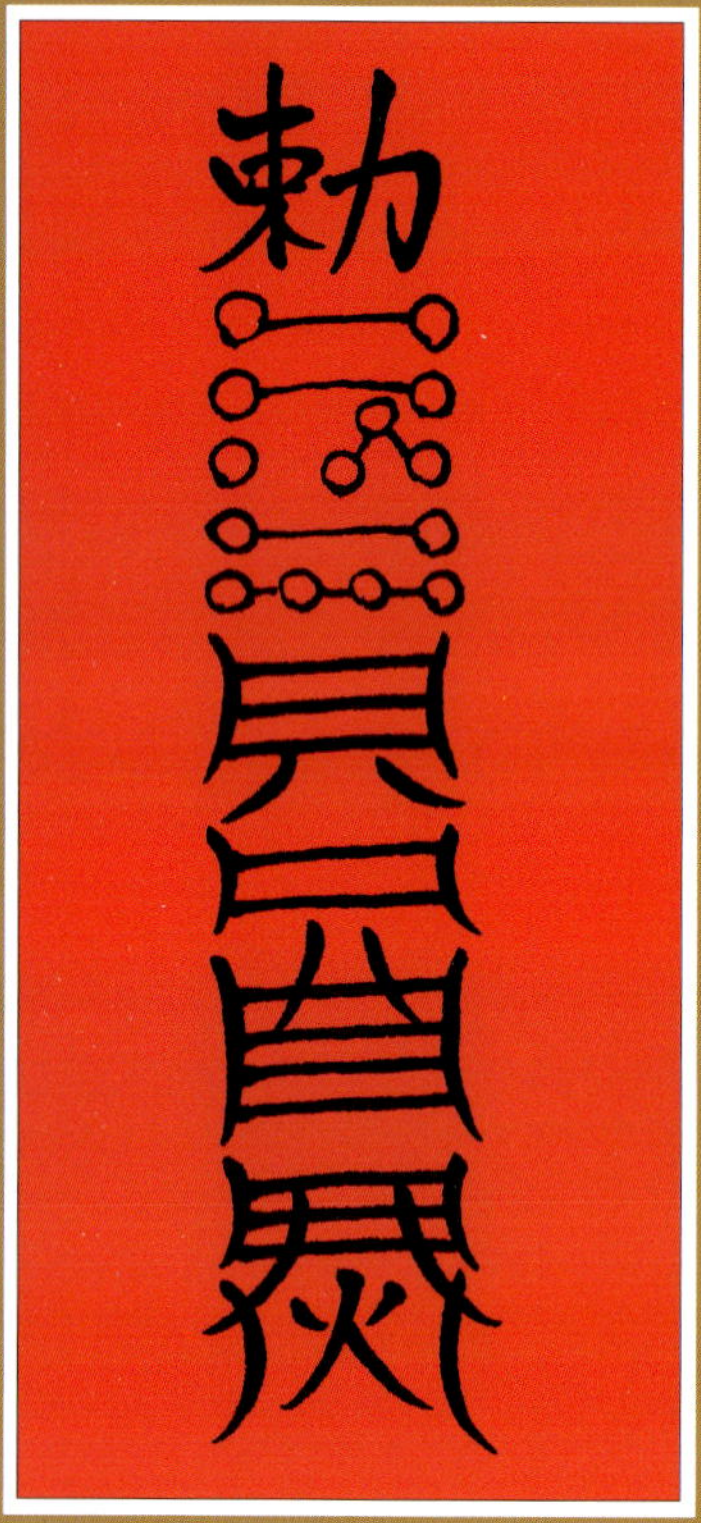

◉一族と子孫が繁栄する
家門繁栄符

世界の経済が不安定化し、先が見えない時代、家門の繁栄、一族の繁栄は何よりも心強いものです。この符は土地神の加護により家門・子孫が長久に繁栄するというものです。普段から懐中に所持してください。

◉家運を高め幸せになる
家運隆盛符

身内に不安を抱えていては、思い切って外で戦えません。家運と外での仕事の成功は表裏一体です。家庭内が平穏で家族も元気になり、家運が隆盛し、幸せになる霊符です。出入り口に貼ってさらなる幸福を求めてください。

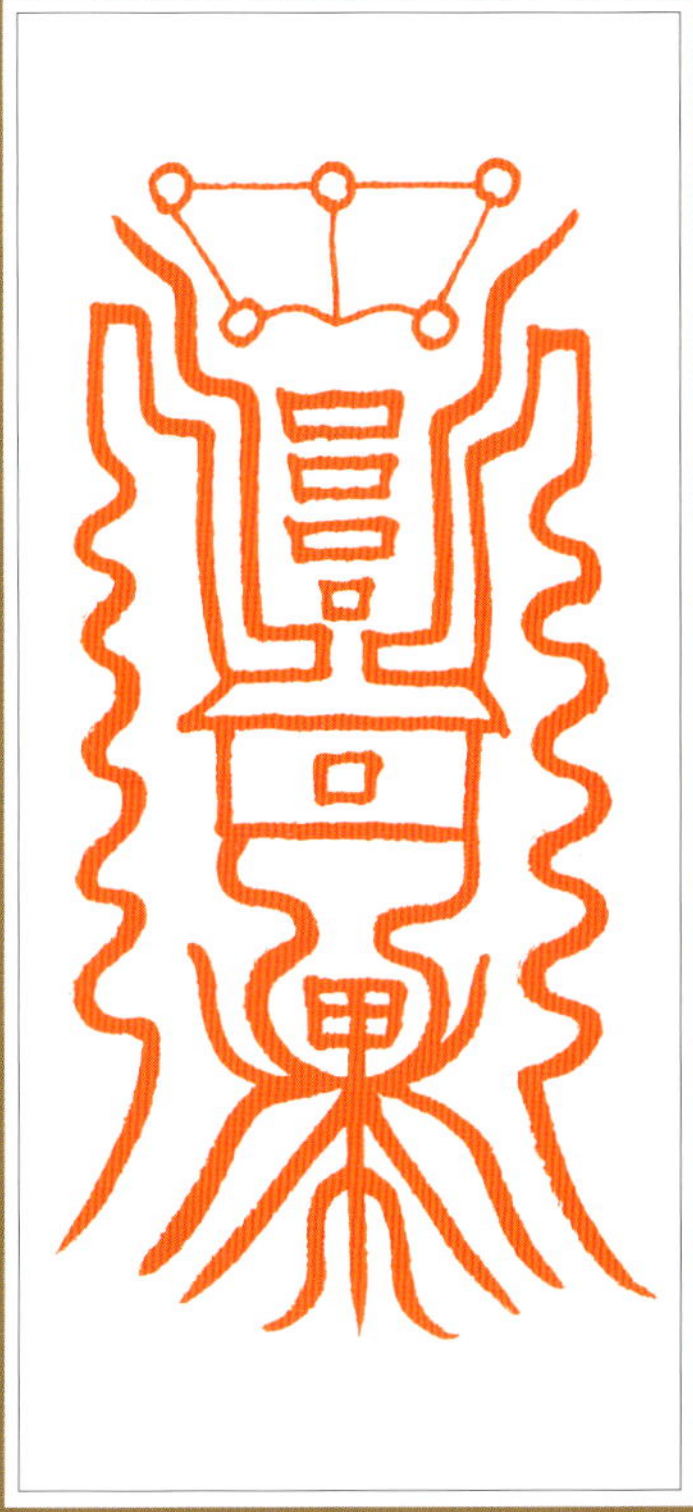

◉占星術で運勢の悪いときに

諸星加護符（しょせいかごふ）

占星術や星相術で星の配置が悪く、災難の可能性があるときや、運勢が下降しているとき、この符を所持してください。星々の災いや祟りを防ぎ、無難に過ごすための霊符です。日常的に所持するのもよいでしょう。

◉不吉を除き吉祥をもたらす

除不吉符（じょふきつふ）

物の怪の仕業としか思えないようなことが起こったり、不吉なことが起こったりした体験はありませんか。この霊符は、怪異不吉を除き、吉祥が生じるという符です。何か嫌な予感がしたときには懐中してください。

◉凶を吉に変える

吉祥除邪符（きっしょうじょじゃふ）

災い転じて福となすといいますが、凶事を吉祥に転じる霊符です。何か悪いことが起こったら、すぐにご自分の干支（えと）の符を所持してください。あなたを必ず凶事から救い出して、吉祥へと導いてくれることでしょう。

【子年の人が用います】

【丑年の人が用います】

【寅年の人が用います】

【卯年の人が用います】

【辰年の人が用います】

【巳年の人が用います】

【午年の人が用います】

【申年の人が用います】

【未年の人が用います】

【酉年の人が用います】

【戌年の人が用います】

【亥年の人が用います】

◉災いが降りかからない

辟災招吉符（へきさいしょうきちふ）

この霊符は万の神様を招集して使役し、風雨をつかさどる龍虎を鎮め、また、居住する土地の穢れを祓い、災いが降りかからないようにする符です。所持していると、災いに遭遇せず、万事順調に進み、吉となります。

屋内の東側に貼る

屋内の中央に貼る

屋内の南側に貼る

◉凶事を吉事に変える

天図経之御秘符（てんずきょうのごひふ）

悪いことが一度起こると、なぜか立て続けに起こることがよくあります。そんなときには、明（みん）の洪武帝（こうぶてい）の時代に作られたこの符で立て直しを図ってください。五枚一組で家の中の東西南北と中央に貼ります。

屋内の西側に貼る

屋内の北側に貼る

◉万事に勝利を呼び込む

勝負勝利符(しょうぶしょうりふ)

何事においても勝負を挑んだら勝たなくては仕方ありません。そのためには勝利に向けて最善の努力をする必要があります。そしてこの符を身につければ、これほど心強いことはありません。勝利はきっとあなたの上に輝きます。

◉格差社会で勝ち抜く

勝利達成符（しょうりたっせいふ）

現代は各差社会で、二人に一人が非正規社員といわれています。世界のグローバル化の流れとともに、格差は広がりさえすれ、狭まることはありません。この符を所持して、この激しい競争社会をぜひとも勝ち抜いてください。

◉裁判で勝つために

訴訟勝利符（そしょうしょうりふ）

アメリカほどではないとはいえ、日本も次第に訴訟社会になりつつあります。事の決着が両者の話し合いではなく、裁判所での勝ち負けに場所を変えたのです。この霊符は、所持して訴訟に勝利を収めるための符です。

●成績を上げ試験に合格する

学業成就符（がくぎょうじょうじゅふ）

学習塾に通って受験して、受かる人滑る人、悲喜こもごもというのは、多くの人が経験してきた道です。成果を出して、満足のいく結果を達成するため、この符を普段から所持して、勉強に励み、受験に備えてください。

●豊作が実現する

五穀豊穣符（ごこくほうじょうふ）

作物の成長には天候と害虫が大きく左右します。旱（ひでり）が続くと枯死してしまい、大量に発生した害虫はあっという間に葉を食いつくしてしまいます。この霊符を田畑に投じれば、五穀は生長し、実り多い収穫を得る秘符です。

◉土中の虫をやっつける

害虫駆除符（がいちゅうくじょふ）

この符はとくに土の中や井戸水の中の虫を駆除するのに用います。家庭菜園やガーデニングをしておられる方は、根切り虫などに野菜や花の根を痛められた経験をお持ちかもしれませんね。この符を細かく切って蒔（ま）いてください。

◉木を元気にする

衰木蘇生符（すいぼくそせいふ）

せっかく精魂込めて育てた木が、なぜか弱り始めると、がっくりきます。ふだんから肥料の世話や害虫の駆除をするのはもちろんのことですが、衰えた木を蘇らせるためには、木の枝に掛けて用いてください。

◉ペットや家畜が元気に育つ

六畜盛育符（ろくちくせいいくふ）

ペットや家畜が元気に育ち、子どももたくさん生まれるという霊符です。ブリーダーや畜産農家のみならず、犬や猫などペットを飼育している方にお勧めです。ペットが寝起きするところや畜舎に貼ってください。

◉素敵な男性を振り向かせる

恋愛成就符（れんあいじょうじゅふ）（女性用）

男運に恵まれない女性のための霊符です。何ら欠点もなく、素敵な女性であるにもかかわらず、良い相手が見つからなかったり、振られたりと、男女関係は一筋縄ではいかないもの。この符を身につけて、貴女（あなた）の恋を成就してください。

◉素敵な女性を振り向かせる

恋愛成就符（れんあいじょうじゅふ）（男性用）

草食系男子の増加が喧伝されていますが、女性に声を掛けたくても掛ける勇気が出ない君に、この符をお勧めします。普段からしっかりと身につけて、素敵な女性を振り向かせ、君の秘かな思いを成就してください。

◉女性を惚れさせる

女子思慕符（じょししぼふ）

女性にぞっこん惚れられれば、男性冥利につきます。この符は、より強烈に女性が男性に想いを寄せるようになる符です。きっと、彼女は身も心も貴男に捧げてくれるでしょう。ただし、大きな責任が生じることもお忘れなく。

◉新婚の危機を乗り越える

閨房符（けいぼうふ）

ハネムーン離婚とか、結婚してすぐに離婚とか、いまや珍しくありません。新婚夫婦の危機を乗り越え、末永く夫婦愛を持続させ、平和な家庭を作り上げるために、この符を夫婦の部屋のドアの上に貼ってください。

◉喧嘩のない男女関係を築く

男女和合符（だんじょわごうふ）

恋人同士も、夫婦も、いくら愛し合っていても、行き違いはあるもの。時に相手のことが分からなくなったりすることがあります。この符を所持するか、神棚に祀って、喧嘩のない、幸せな関係をいつまでも持続させてください。

◉縁を切りたいときに

離別符（りべつふ）

男女の仲は、こじれたら縺（もつ）れた紐（ひも）のように解きほぐすのが難しくなります。別れたくてもどうしても別れてくれない、別れられない、そんなときに使います。きっとスムーズに事は運び、新しい人生を歩み出すことができるでしょう。

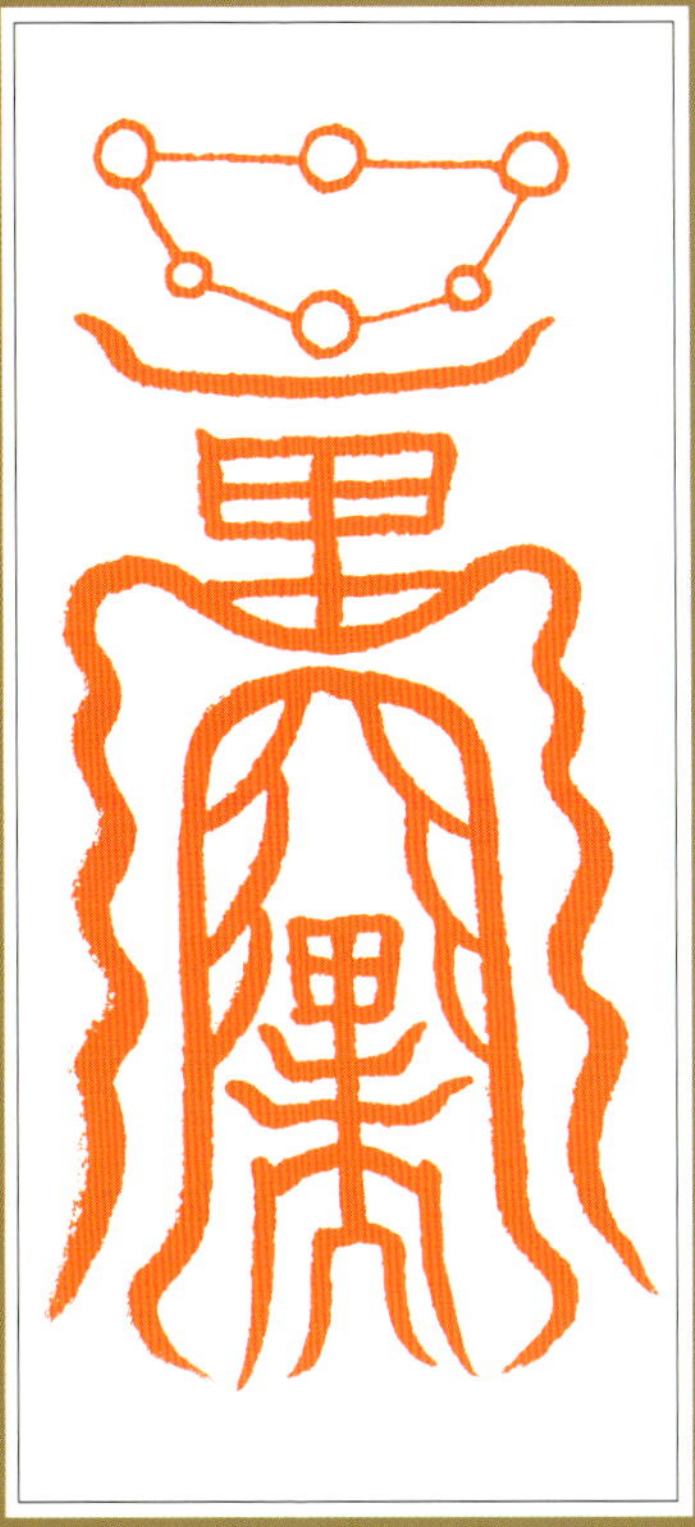

◉家庭内を平穏に保つ

鎮邪霊符（ちんじゃれいふ）

家庭と家族が平安で無事であることが何よりもありがたいことです。魔が忍び寄り、平和で幸せな家庭が崩される、そんなことがないように、邪魔を追い払い、家庭内を平穏に保つ霊符です。居間に貼ってください。

◉家内を守ってもらう

除竈神祟符（じょかまどがみたたりふ）

竈神は粗末に扱うと罰があたり、祟りをおよぼすと言います。一方で家内を守ってくれる守護神でもあります。この符を所持していると、竈神の祟りを除き、家内の病難、言い争いなど一切の禍（わざわい）から免れる霊符です。

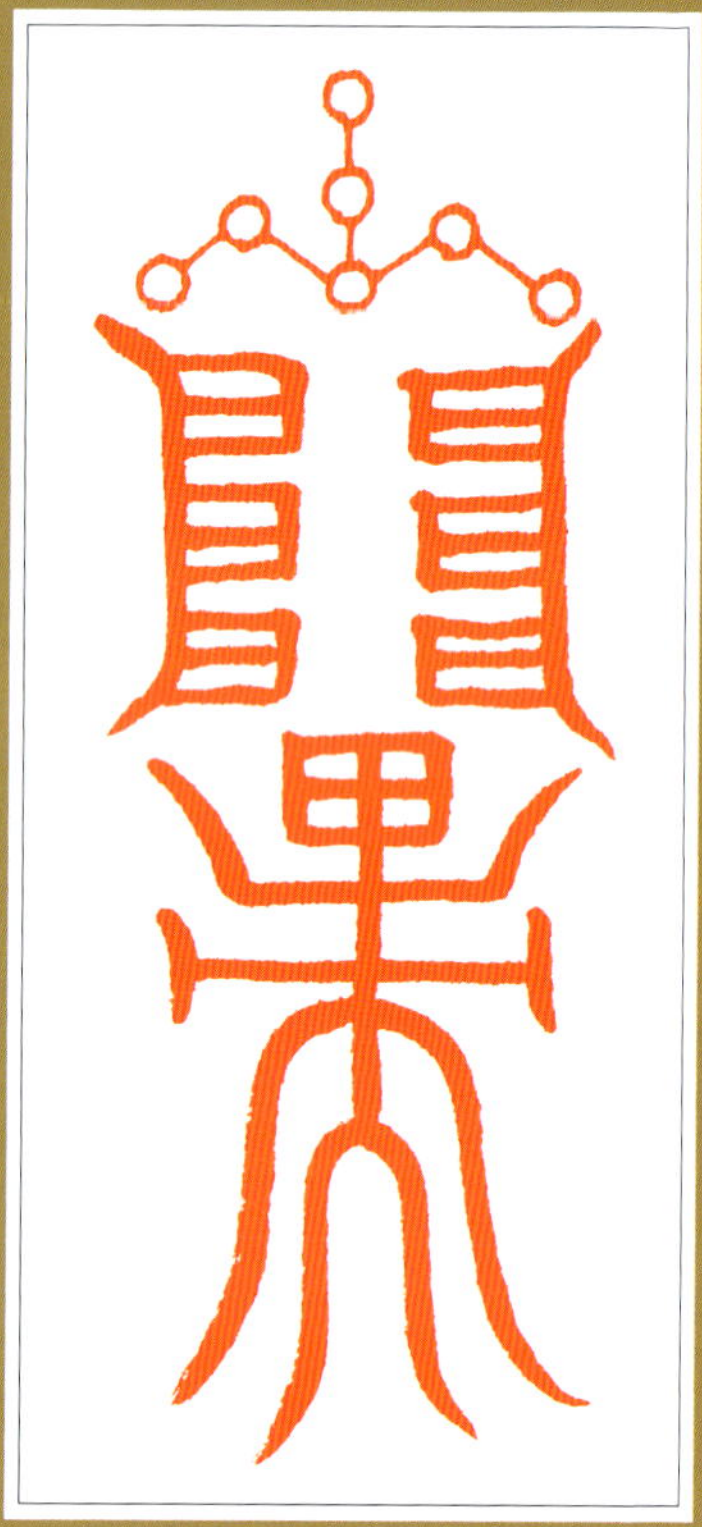

◉神霊に守られて暮らす

家屋守護符（かおくしゅごふ）

家とは本来数世代にわたって住み、家族のよりどころであり、神々に守られて生活しているものです。この符を所持していれば、神霊の加護をこうむり、家の内外において安全・平穏に暮らせるという霊符です。

◉祟りを除き家内安全

除土公神祟罰符（じょどこうじんすいばつふ）

古い屋敷などには土公神がいて、春は竈（かまど）、夏は門、秋は井戸、冬は庭に在り、その場所を動かすと祟りがあるといわれています。この霊符を所持していれば、土公神の祟りを除き、家内が安全に暮らせるようになります。

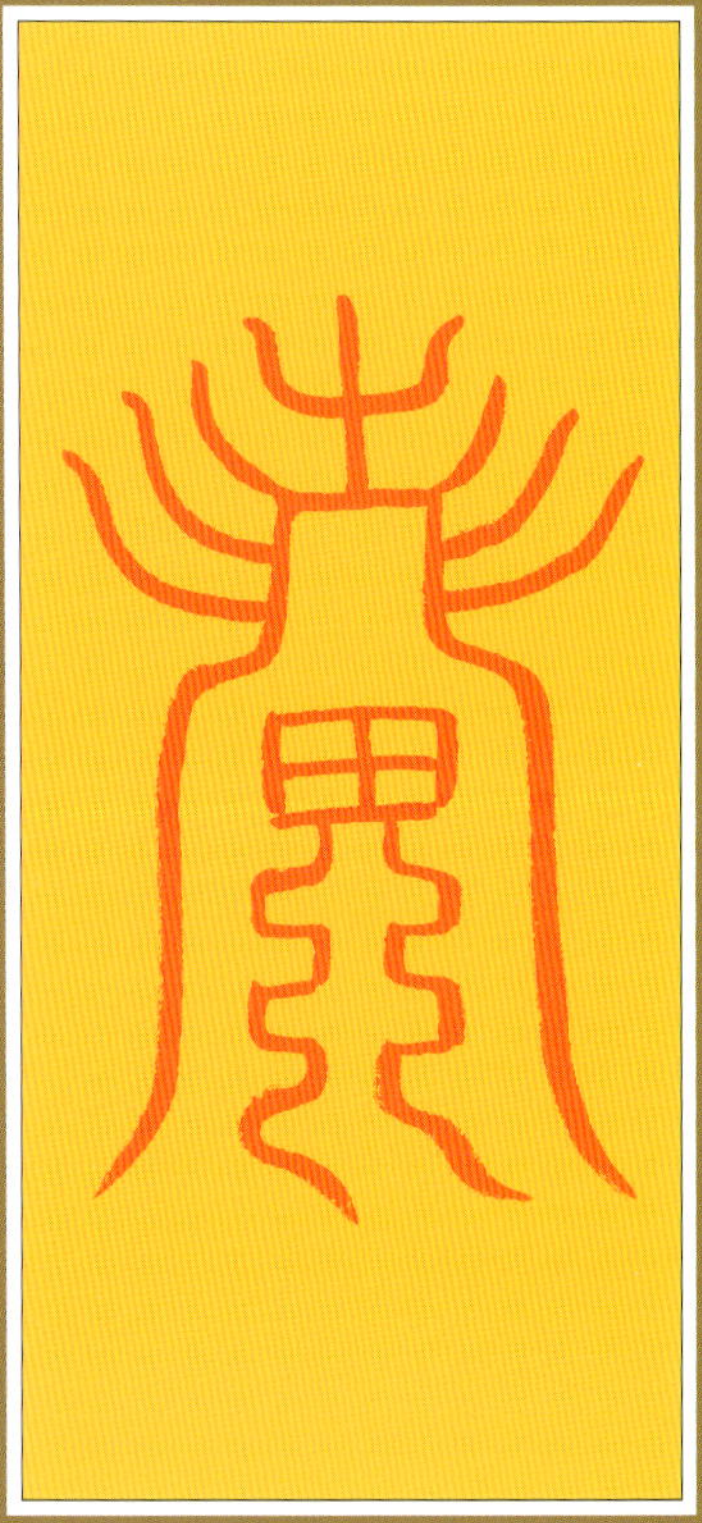

●悪夢を見たとき災いを防ぐ

悪夢符（あくむふ）

悪い夢を見ると、それが現実化しないか、大変心配になります。そんなときには、災いが生じないようにするためにこの符を所持してください。男性は左の袂（ポケット）、女性は右の袂（ポケット）に入れておきます。

●敵から身を守る

防敵守護符（ぼうてきしゅごふ）

大変な敵がいるときに使う霊符です。あなたに心当たりがなくても、敵はいるかもしれません。この符を所持していると、あなたが進む道を邪魔する敵から守護してくれます。商売上の競争相手にも使えます。

◉悪口から心と身を守る

防悪口符（ぼうあっこうふ）

身に覚えのないことを言われたり、貶（おとし）められたり、複雑な人間関係の職場ではよくあることです。この符を所持して悪口を言わせないように、言われても傷つかないようにして、よりよい人間関係を築いてください。

◉天災から身を守る

除天神祟災符（じょてんじんすいさいふ）

自然災害は天神の怒りとして、古来人々は恐れたものです。科学技術が発達した現在でも、人知を越えた天災が起こります。この符は天神の怒りを除き安全な生活を送るための符です。身を守るために懐中してください。

3 護身除難

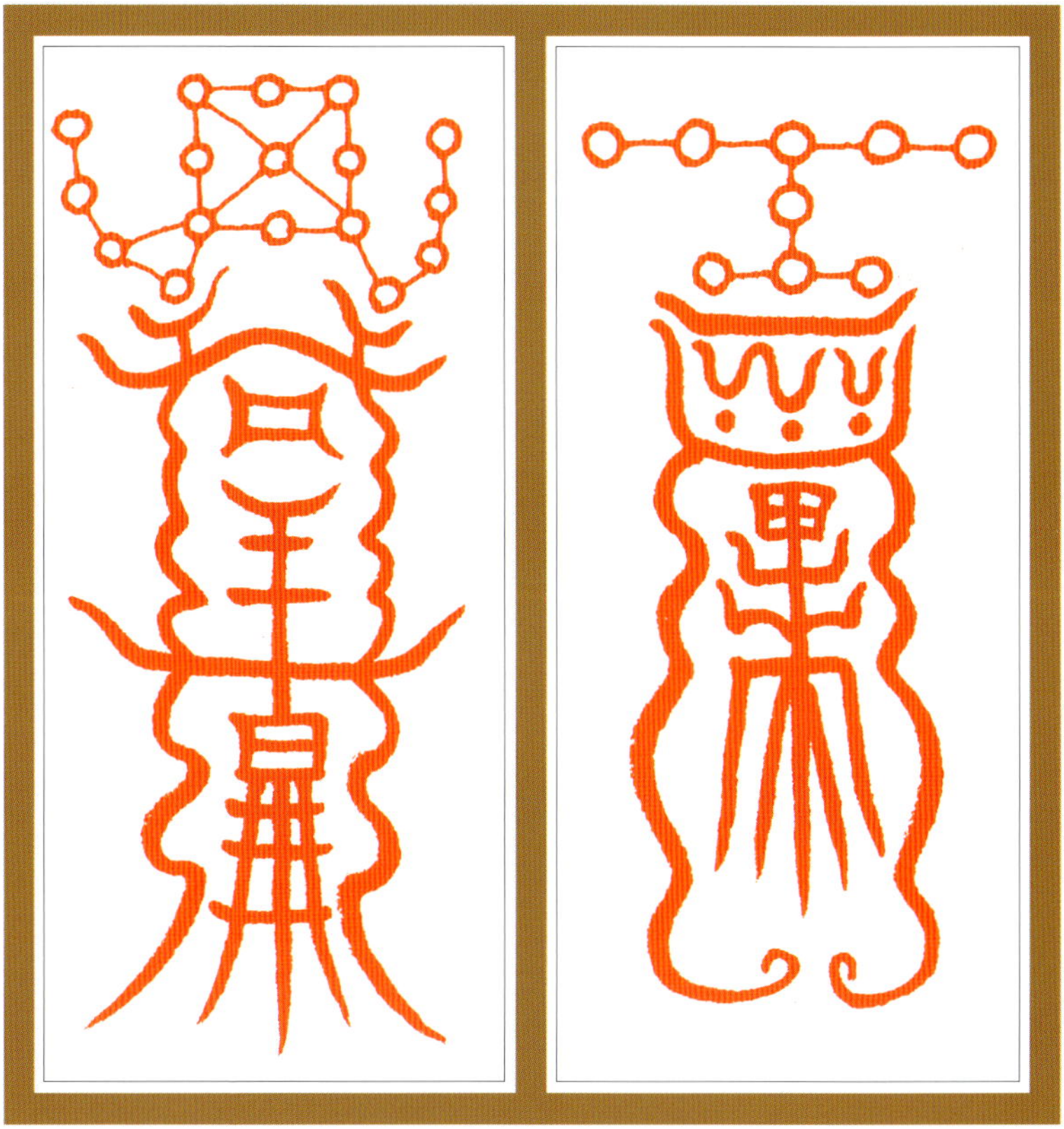

◉神の加護で無難な生活

天神加護符（てんじんかごふ）

天神は荒ぶる怒りを表すときもあれば、大いなる調和と幸せで森羅万象を包んでくれもします。この霊符はそうした天神の加護を得て、日々無難な生活を送るための秘符です。普段から所持しているとよいでしょう。

◉新築や引っ越しに

地神加護符（ちじんかごふ）

私たち日本人は、古来、自然界のあらゆるものに神を見、神に守られて生活してきました。この霊符は、地の神の加護を得て災いのない日常を送るための符です。新築や引っ越しのときだけでなく、日常懐中するとよいでしょう。

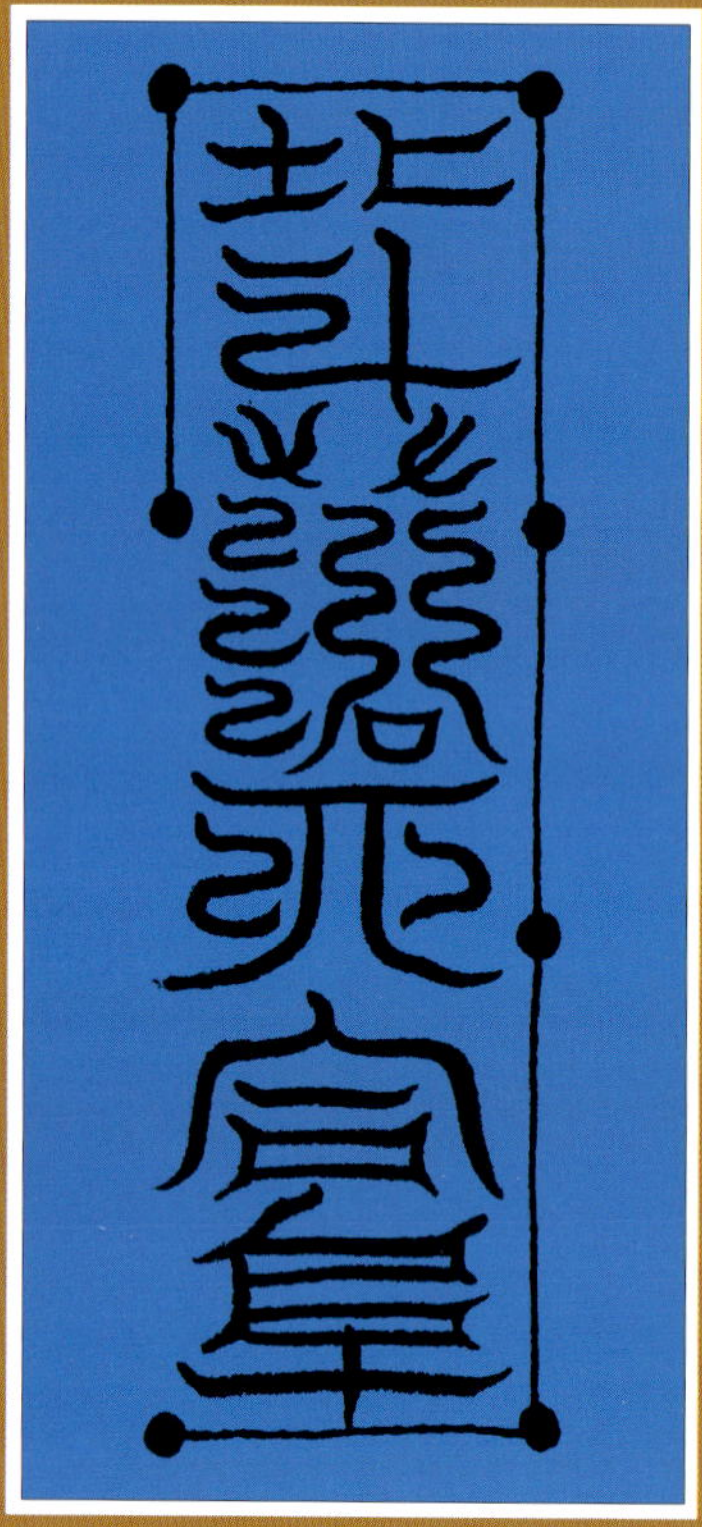

◉思わぬ危難から命を守る

除頓死急病災難符

先のことは全く分からないのが人生というものです。何が起こっても不思議ではありません。所持すれば、交通事故から急な病による死の危険、通り魔などの危害、水難や火難から命を守ってくれるというありがたい霊符です。

◉死を免れる

錦嚢五斗符（北斗符）

錦嚢五斗符には東・西・南・北・中の字が書かれた五枚の符が伝わっています。この北斗符は死を免れる符とされてきましたので、思わぬ事故や災難・災害に備えて、常に懐中に入れておくのもよいでしょう。

◉水の事故から身を守る

水神海神加護符

水神・海神の加護により様々な海難・水難事故から身を守ってくれる秘符です。漁業や海事に関する仕事に従事する人はもちろんのこと、海水浴や釣りに出かけるときなどにも必ず所持するのがよいでしょう。

◉クルージングに所持する

航海渡河符

海や河川で船の事故を防いでくれる秘符です。本来は、危急に際して呪文を唱え水中に投じるのですが、所持するだけでも効果が期待されます。クルージングやフェリー乗船、川遊びの際には、ぜひ所持してほしい霊符です。

◉あらゆる災いを除く

錦嚢五斗符（**南斗符**）

この霊符は先に紹介した錦嚢五斗符（49頁）のうちの南斗符です。所持していれば、あらゆる災いを取り除いてくれるというありがたい霊符です。普段身につけて、万全の対策を講じておくにこしたことはありません。

◉雷に打たれないために

防雷災符

バリバリという雷の轟きはほんとうに嫌なものです。雷に打たれて大やけどをしたり、亡くなったという話も聞きます。ゴルフなどをしているときは特に危険です。この符を所持して、しかるべき場所に逃げ込んでください。

◉スリ、盗難を防ぐ

防盗難符（ぼうとうなんふ）

日本の安全神話は壊れつつありますが、それでも日本人は安全慣れをしているのか、海外で盗難に遭（あ）うのは多いといいます。この符は畳の下に敷けば盗賊の侵入を防止し、懐中すれば旅行などの際に盗難に遭うことありません。

◉山中での危険を防ぐ

入山除災符（にゅうざんじょさいふ）

山菜狩りなどで山中に入ると、クマやイノシシに襲われたり、動物と間違えられてハンターに撃たれたり、あるいは犯罪者に危害を加えられるなど危険がいっぱいです。この符は、山での様々な危険からも身を守ってくれます。

◉獣の害から身を守る

防悪獣符（ぼうあくじゅうふ）

所持すれば蛇・猪・熊等々、いっさいの獣から身を守ってくれます。またその邪毒によって痛むところがあればこの符を貼ります。最近は熊や猪に襲われたりしたニュースが多くなりました。この符で身を守ってください。

◉家に獣を侵入させない

禁禽獣侵入符（きんきんじゅうしんにゅうふ）

里山が減少し、動物たちと人間の居住地が重なる所が増えたため、しばしば野生動物が民家に出没し、荒らします。五色の符を動物の出没しそうな天井や床下の東に青、西に白、南に赤、北に黒、中央に黄の符を置くか貼ってください。

3 護身除難

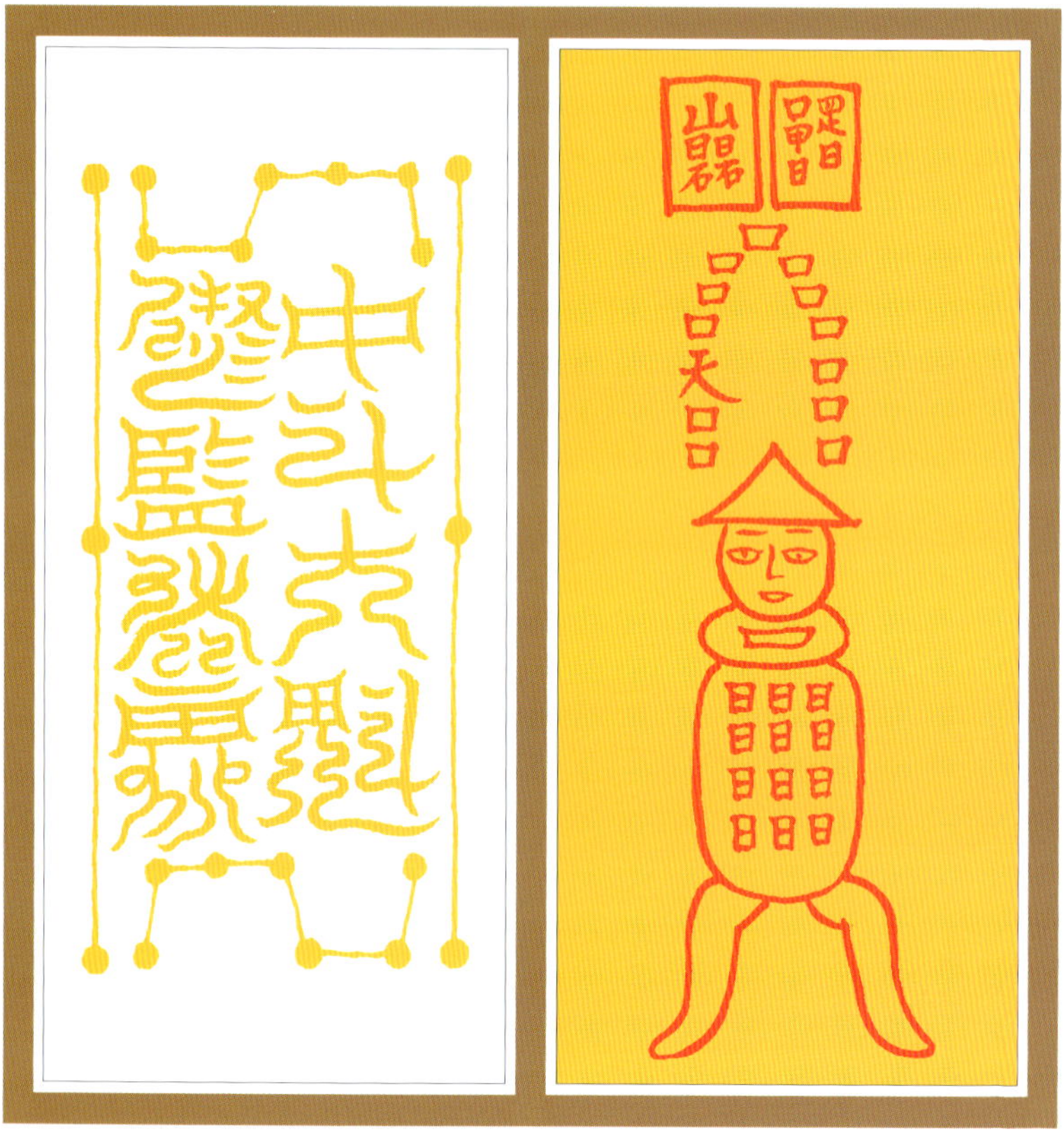

◉寝込んでいる人を救う

治病符（ちびょうふ）

誰しも病気で寝込みたくないものです。不養生もあるかもしれませんが、生老病死というように、病は避けて通れません。医師に診てもらう一方で、病んで寝込んでいる人の布団の下に敷いて、早朝川に流してください。

◉病を癒やす

錦嚢五斗符（きんのうごとふ）（中斗符（ちゅうとふ））

この霊符は錦嚢五斗符の中斗符です。これを所持すれば病が癒やされるという霊符です。現代医学は多くの病気の克服を実現しました。それでも病はなくなりません。この符を医療とともに使ってみてはいかがでしょう。

◉病の苦しみを除く

解疾病厄符（かいしっぺいやくふ）

この符も病の苦しみを除いてくれる符です。水に符を映して、その水を飲むと、病が癒え、心身健康となり長寿を得るという秘符です。医師の治療を受けるのはもちろんですが、あわせてこの符もお使いください。

◉伝染病から身を守る

防疫病符（ぼうえきびょうふ）

ペニシリン以来次々と開発されてきた抗生物質が、様々な伝染病を駆逐してきました。しかし耐性を持った新手のウイルスや細菌が新しい伝染病を発生させる危険があります。この符を所持して伝染病から身を守ってください。

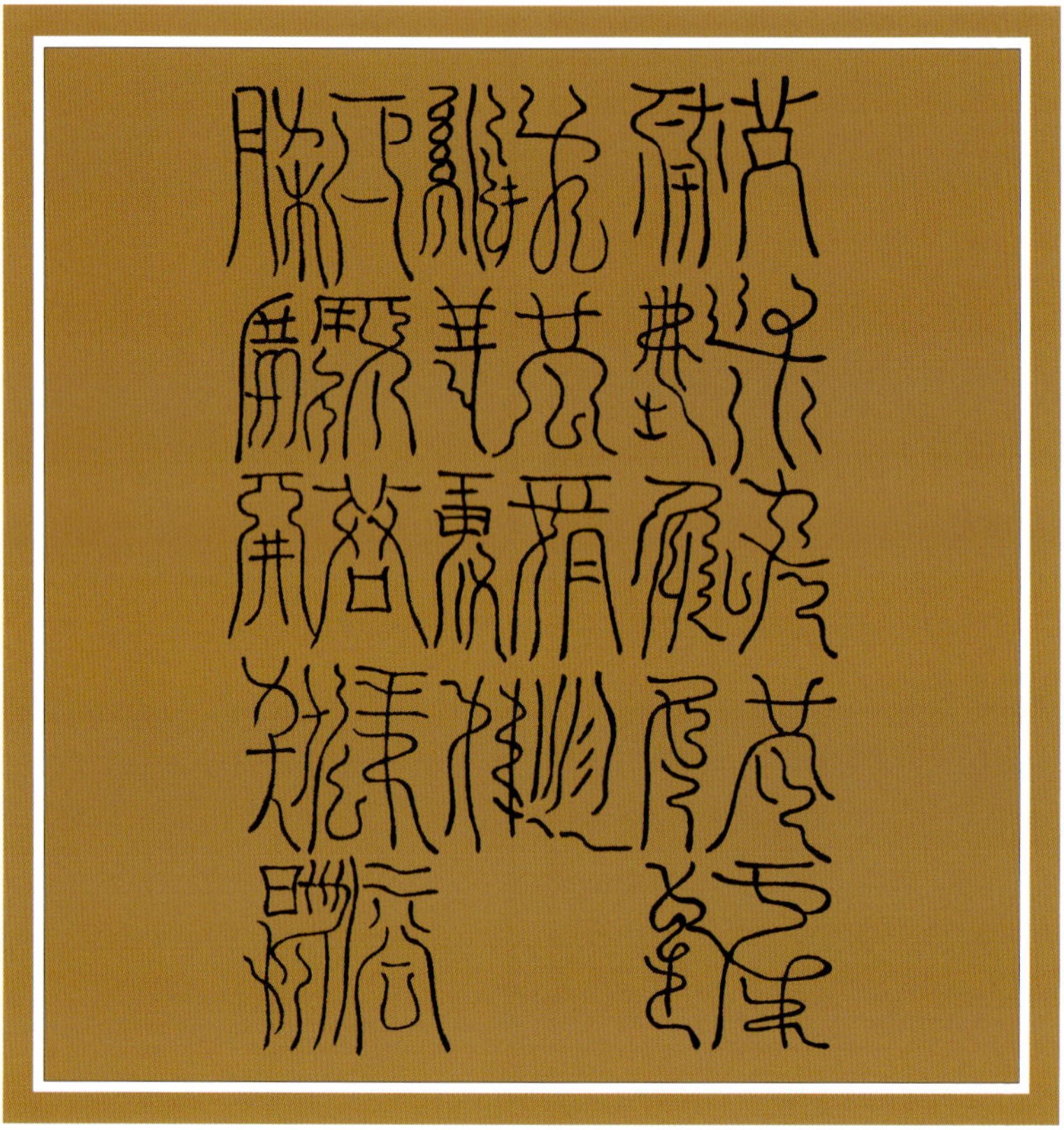

●インフルエンザを予防する

除疫病神符
（じょやくびょうがみふ）

鳥インフルエンザの人間への感染などによるパンデミックの可能性が言われて久しいです。この符は、疫病神を祓い、疫病に感染するのを防ぎます。日常から予防するのはもちろんですが、この符を懐中するか、家の中心に貼る、あるいは神棚など神聖な場所に祀るとよいでしょう。

本来は、本命元辰北帝七元真形北斗七星合一神符（ほんめいげんしんほくていしちげんしんぎょうほくとしちせいごういつしんぷ）といい、北斗七星の加護によって病気にかからせる悪神を退散させるものです。

◉魑魅魍魎を退け長寿を保つ

延年神符（えんねんしんふ）

医学と科学の発展によって、多くの病気が治るようになり、人の寿命も大幅に延びました。先進工業国に住む私たちは、大変恵まれているといえます。でもさらに無病息災で長寿を得たいというのは、誰しも同じ気持ちでしょう。この霊符は、魑魅魍魎（ちみもうりょう）を寄せつけず、長寿を保てるという秘符です。

◉アンチエイジングを
錦嚢五斗符（東斗符）

この霊符は錦嚢五斗符の東斗符です。これを所持すれば長生が可能です。日本人の平均寿命は男が七十九、女性は八十五まで伸びました。不老長生は無理でも、この符がアンチエイジングを可能にしてくれるでしょう。

◉心を平安にする
錦嚢五斗符（西斗符）

この錦嚢五斗符の西斗符は、心中の邪気を治める霊験があります。職場の人間関係や仕事上のことなどで、心が不安定なときやストレスが強いときなどに懐中すると、心が落ち着き、平安を保てることでしょう。

●鬱病や精神の病を治す

治精神疾患符（ちせいしんしっかんふ）

し烈な競争社会のために多くの人が鬱病などの心の病を患っています。五色の霊符を所持するか、水に映してその水を飲みます。ストレスを和らげ、乱れた心を鎮め、落ち着いた生活が送れるようになるでしょう。

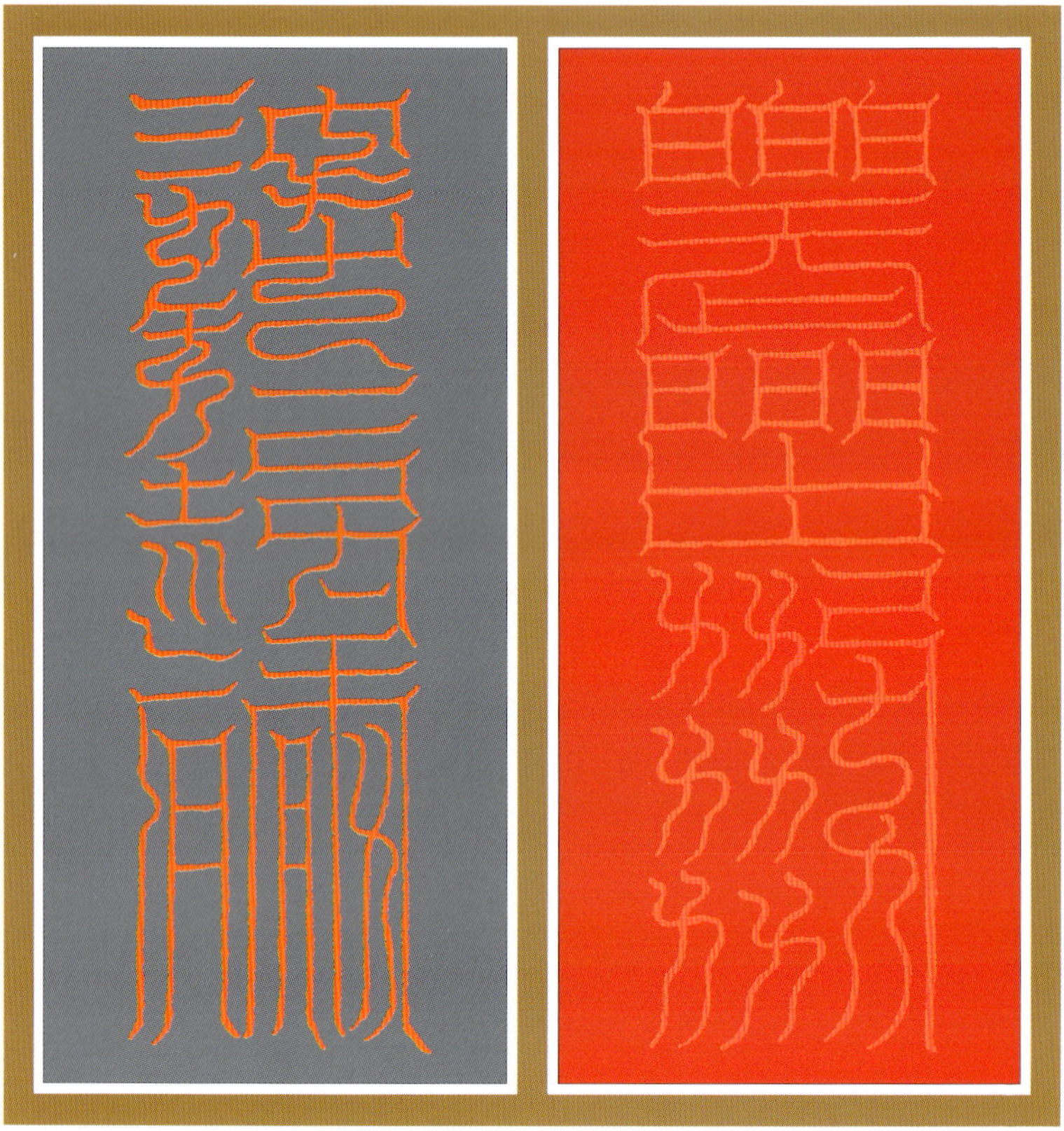

◉心臓病による突然死を防ぐ

治心臓病符

突然死の多くは心臓が原因です。この霊符は心臓病を治す奇瑞な秘符です。本来は一符を懐中し、もう一符を水に映してその水を服すのですが、所持するだけでもよいでしょう。心臓が気にかかる方にはおすすめの符です。

◉腎不全にならないように

治腎臓病符

腎臓は、人体に有害な物質や過剰に摂取した物質を体外に排泄する役割を担っています。腎臓病は自覚症状が少なく、腎不全になると、人工透析などを行わなくてはならなくなります。ぜひこの霊符を所持してください。

4 治病健康

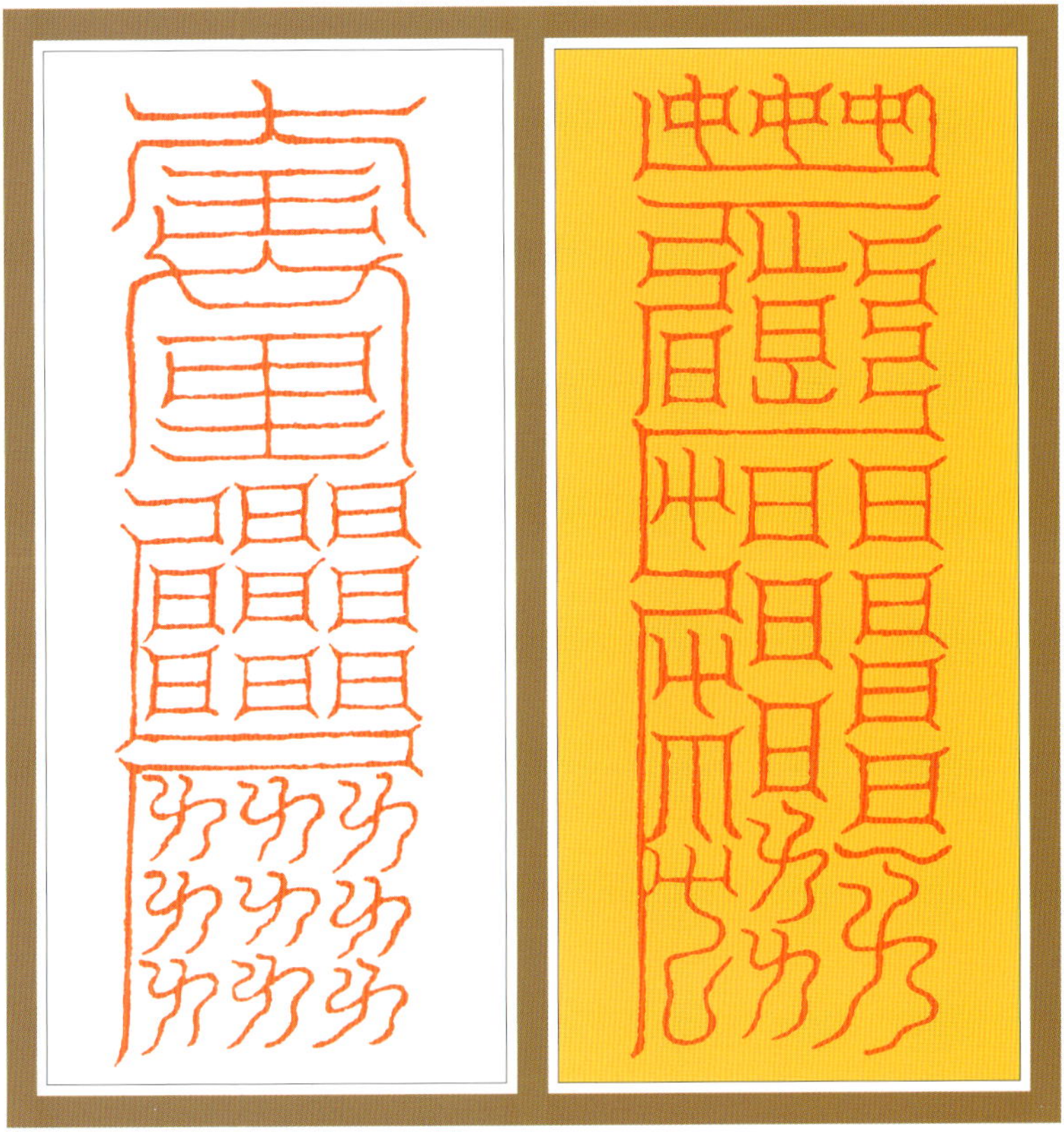

◉黄疸を治す

治黄疸符（ちおうだんふ）

黄疸は、一般に肝炎や肝硬変などの肝臓の病気があるときや赤血球が破壊されたときに起こります。自覚症状が出たらすぐに医師に診てもらってください。そしてこの符もあわせて持てば、さらに安心です。

◉喘息など肺の病気に

治肺病符（ちはいびょうふ）

肺にかかわる病を癒やしてくれる霊符です。肺の病気には、肺炎、肺結核、気管支炎、気管支喘息、肺気腫など様々あります。喘息の方など、薬とともにこの霊符もぜひいっしょに所持していただければと思います。

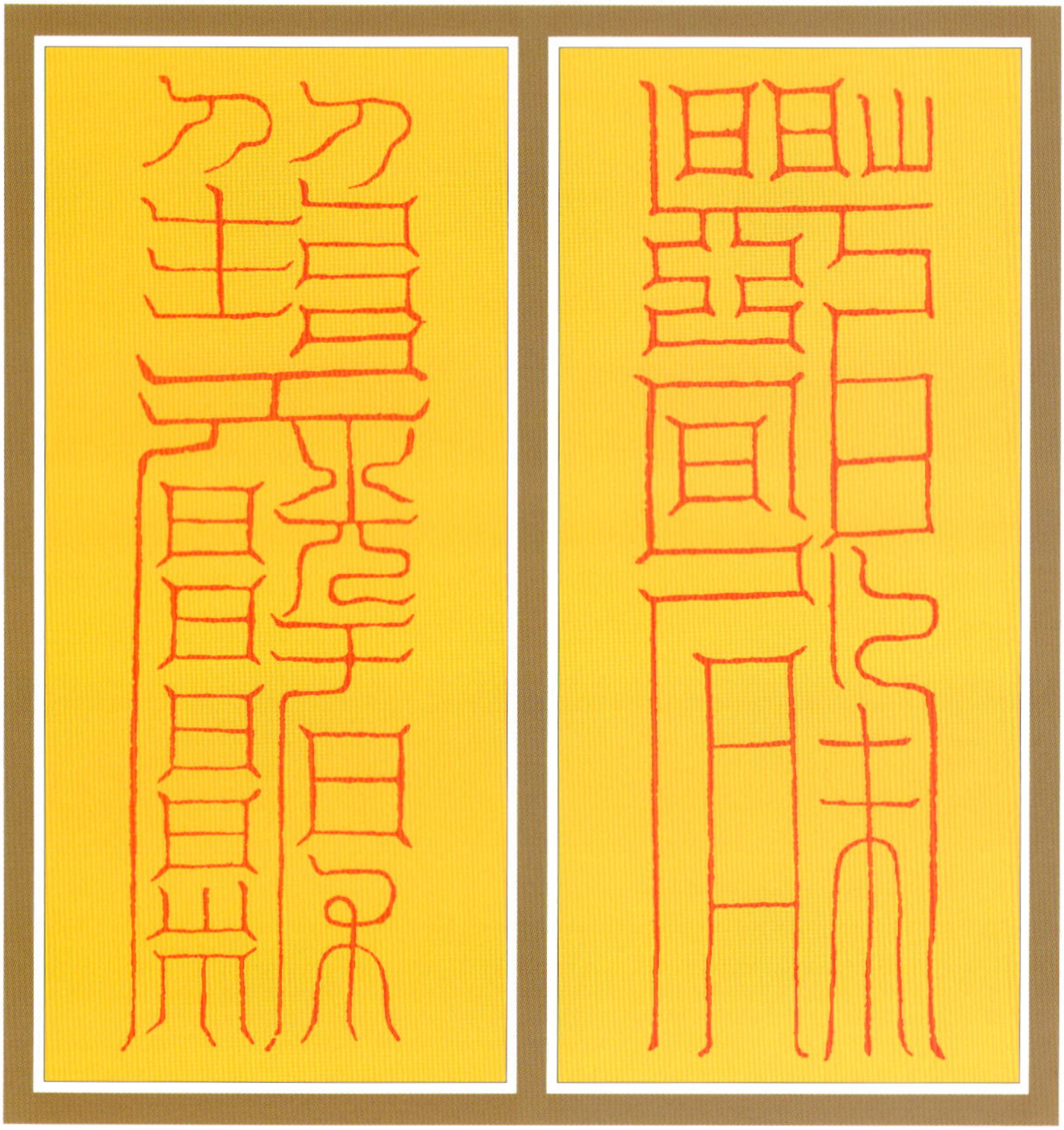

◉胃炎や胃潰瘍を癒やす

治胃病符（ちいびょうふ）

胃はいうまでもなく主に食べたものを消化する器官です。胃の病気には、胃炎や胃潰瘍、胃がんがよく知られていますが、胃炎や胃潰瘍の原因はストレスが大きく影響しています。この霊符は胃病の治癒に霊験のある符です。

◉腸の病気に霊験あらたか

治腸病符（ちちょうびょうふ）

よく知られているように、腸内にはビフィジス菌などの善玉菌が、大腸菌などの悪玉菌の増殖を抑えています。しかし、暴飲暴食やストレスの影響を受けやすいとされていますから、不摂生に注意して、この符も所持してください。

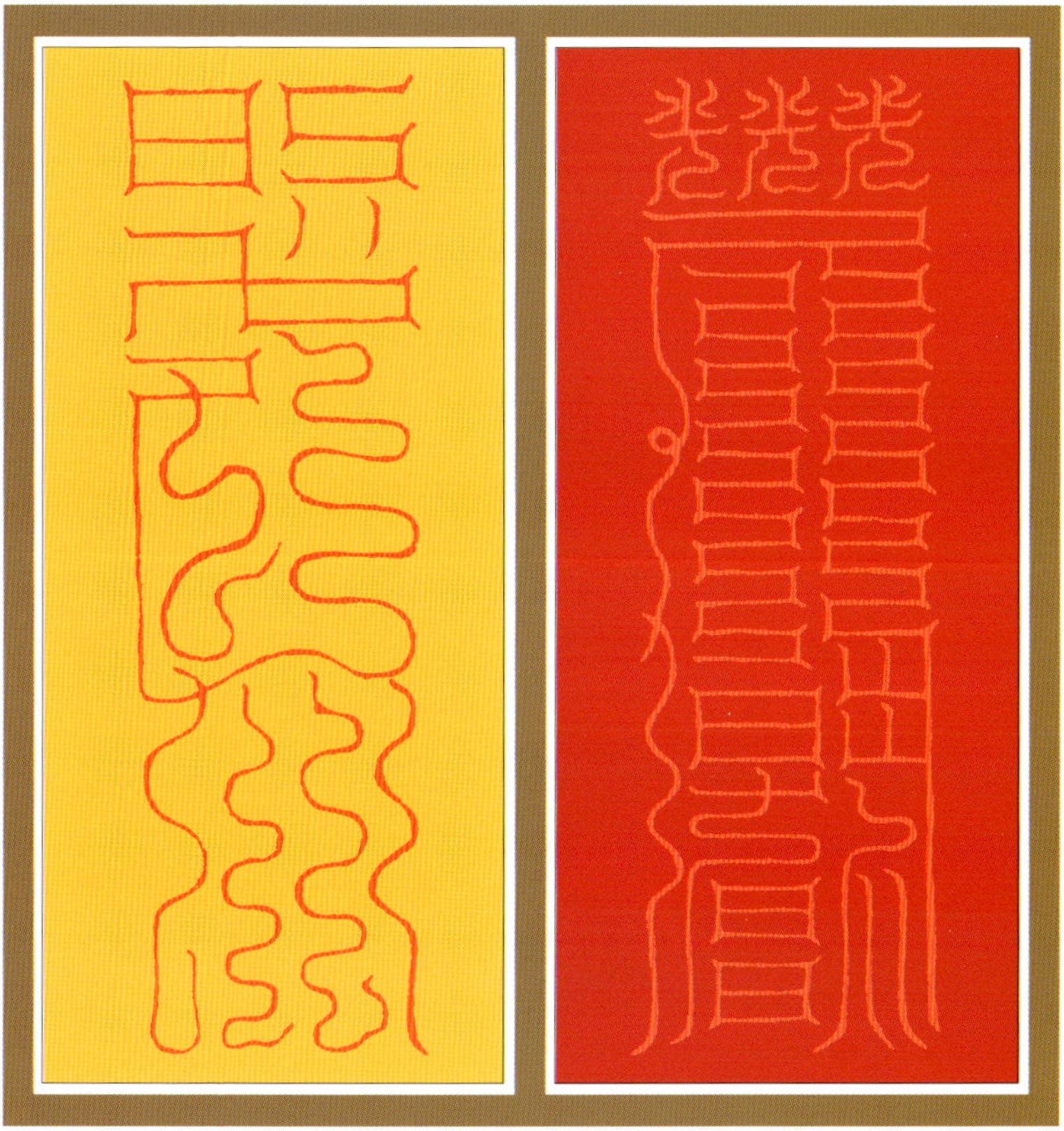

◉眼の疲れと眼病に

治眼病符（ちがんびょうふ）

眼の病に霊験あらたかな符です。現在の社会では、テレビやパソコン、画面の小さい携帯などを見て眼を酷使しています。眼の病はもとより、眼が疲れにも使用してください。所持するか、眼をそっと符でなでるとよいでしょう。

◉アレルギー性鼻炎に

治鼻病符（ちびびょうふ）

花粉症でお困りの方は多いに違いありません。ちょっとした鼻づまりでも憂鬱な気分になりますが、これが蓄膿症やアレルギー性鼻炎になると、大変です。この霊符はいっさいの鼻の病に霊験がありますので、所持してください。

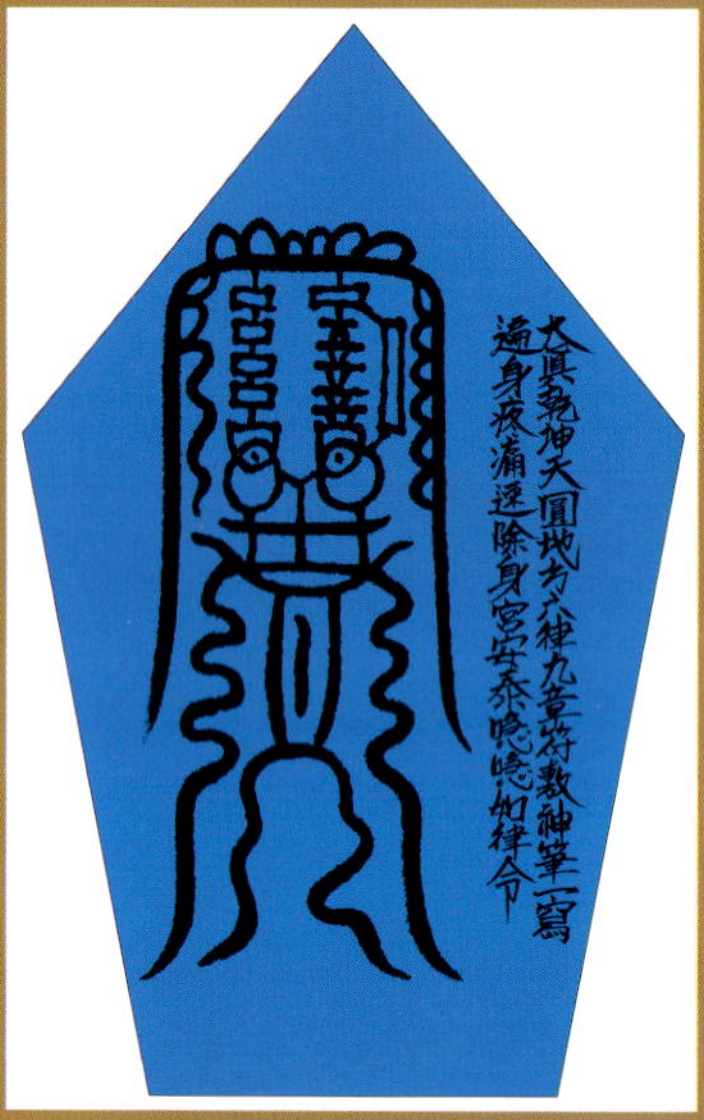

●歯の病に霊験

治歯病符（ちしびょうふ）

歯は万病の元といいます。歯が悪くなると食事に影響しますし、健康に影響します。年齢とともに歯が弱くなるのはやむを得ませんが、歯槽膿漏などには注意が必要です。霊符を水に映してその水を飲みます。

●痛みを和らげる

治疼痛符（ちとうつうふ）

頭痛をはじめ、痛みは大変困ります。集中力がなくなるどころか、なにも手がつかなくなることさえあります。痛みさえなければとは、よく思うことです。この符を五枚重ねて痛いところに当てるか所持するとよいでしょう。

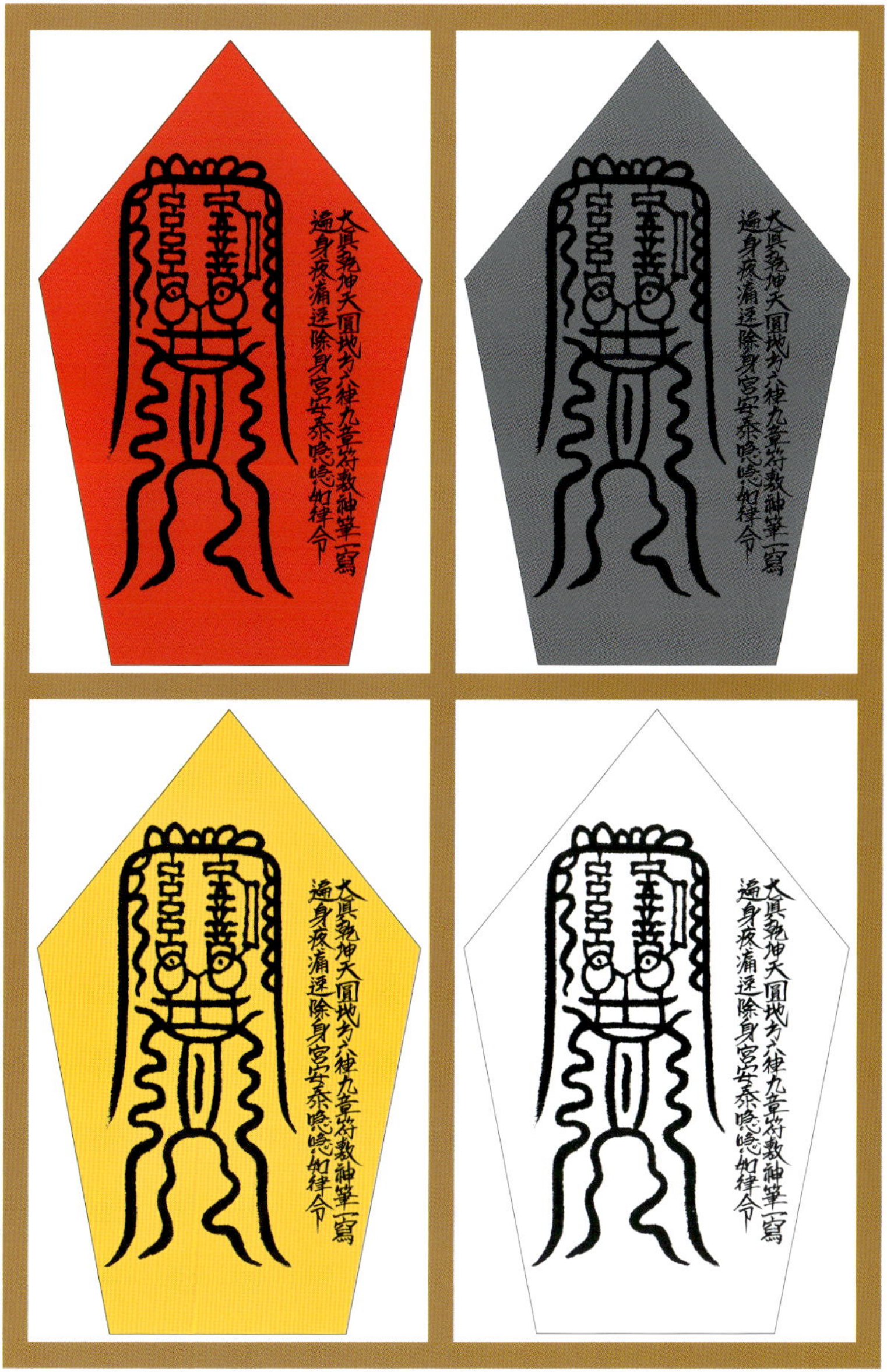
大真乾坤天圓地方六律九章符數神筆一寫
遍身疾痛逐除身宮安泰唸唸如律令

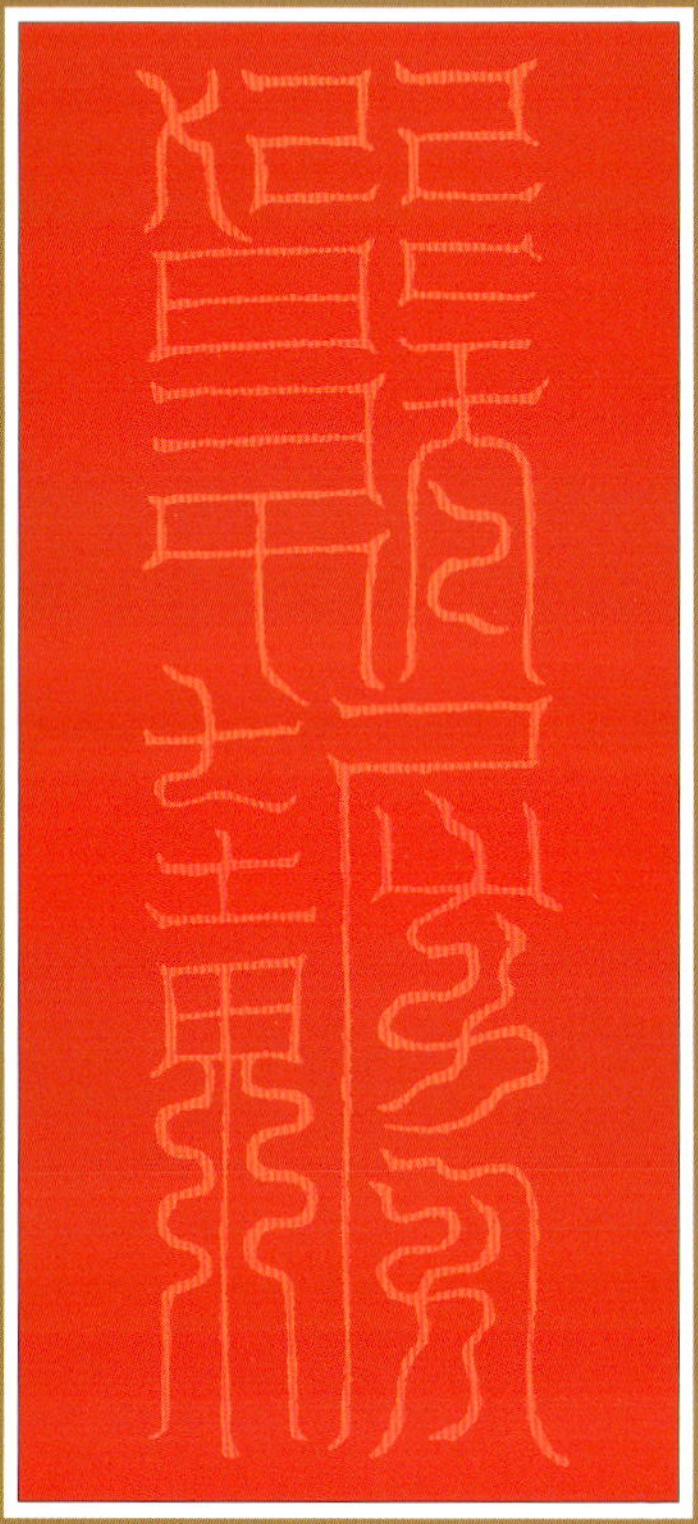

◉舌に口内炎ができたら

治舌病符（ちぜつびょうふ）

舌は味覚を感じる大事な場所です。舌の病気としては、舌の口内炎や舌苔、舌がんなど多くがあります。舌にできた口内炎もピリピリ痛くて、ゆっくり食事を楽しむこともできません。舌の病にはこの霊符を所持してください。

◉手足のしびれや痛みに

治手足病符（ちてあしびょうふ）

手足に関するすべての病気の霊符です。手や足が痛くなったりする経験は誰しもありますが、年令とともに頻度も多くなるようです。手のしびれくらい、といっておろそかにしないで医師に相談し、この符も利用してください。

4 治病健康

◉腫れ物を治す

治腫物符（ちしゅぶつふ）

腫れ物、出来物は嫌なものです。とくに顔のあたりにできたら、憂鬱になって、外出もおっくうになります。女性の気持ちたるや、推して知るべしです。そういうときはこの霊符を一度所持してみてはいかがでしょうか。

◉精力の衰えを感じたら

五帝治病符（ごていちびょうふ）（黒帝符）

腎臓の悪いときに使用します。腎臓は精力に通じていますから、精力の衰えを感じたら使うとよいでしょう。所持して北に向かい「黒帝通血（こくていつうけつ）、万真保精（ばんしんほせい）」と唱え、三日間は甘いもの、五日間は辛いものを食べないでください。

◉精神が不安定なときに

五帝治病符（黄帝符）

脾臓の調子が悪いときや精神が不安定なときに使用する霊符です。霊符を所持し上に向かい「黄帝中主、万神無越」と唱えます。そして以後十二日間は辛いもの、五日間は甘いものを食べないようにしてください。

◉肝臓の病気を癒す

治肝臓病符

肝臓の病に霊験があります。肝腎要という言葉があるように、肝臓は大変重要な臓器です。肝臓を悪くすると何事もやる気がなくなります。もちろん肝硬変などは命にかかわります。まずは酒を飲み過ぎないようにしましょう。

◉魂が体から離れやすいとき

五帝治病符（**青帝符**）

　この霊符は肝臓の調子が悪いときや魂が体から離れやすいときに使用します。所持して東に向かい「青帝護魂、保鎮三宮」と唱えます。それ以後九日間は酸っぱいもの、辛いものを食べないようにしてください。

◉難産にならないために

安産符

　医学が発達した現代といえども、出産は、女性にとって人生最大の仕事であることに変わりありません。この霊符の空いたところに年と名を書き、所持してください。難産の憂いなく赤ん坊を生むことができるでしょう。

◉妖魔を切り払う

斬妖符（ざんようふ）

妖怪や魔物を切り払い、身を守る霊符です。妖魔の存在をまったく信じない人はよいのですが、それでも場所によっては何かしらゾクゾクすることがあります。そういったときはこの秘符を用意しておいて懐中に忍ばせてください。

◉魔から身を守る

防魔護身符（ぼうまごしんふ）

悪霊や怨霊、様々な魔が出没しそうなところはいくらでもあります。そんなところには近寄らないのが肝要ですが、どうしても行かなければならないとき、この符を燃やしてください。あなたを魔から守ってくれます。

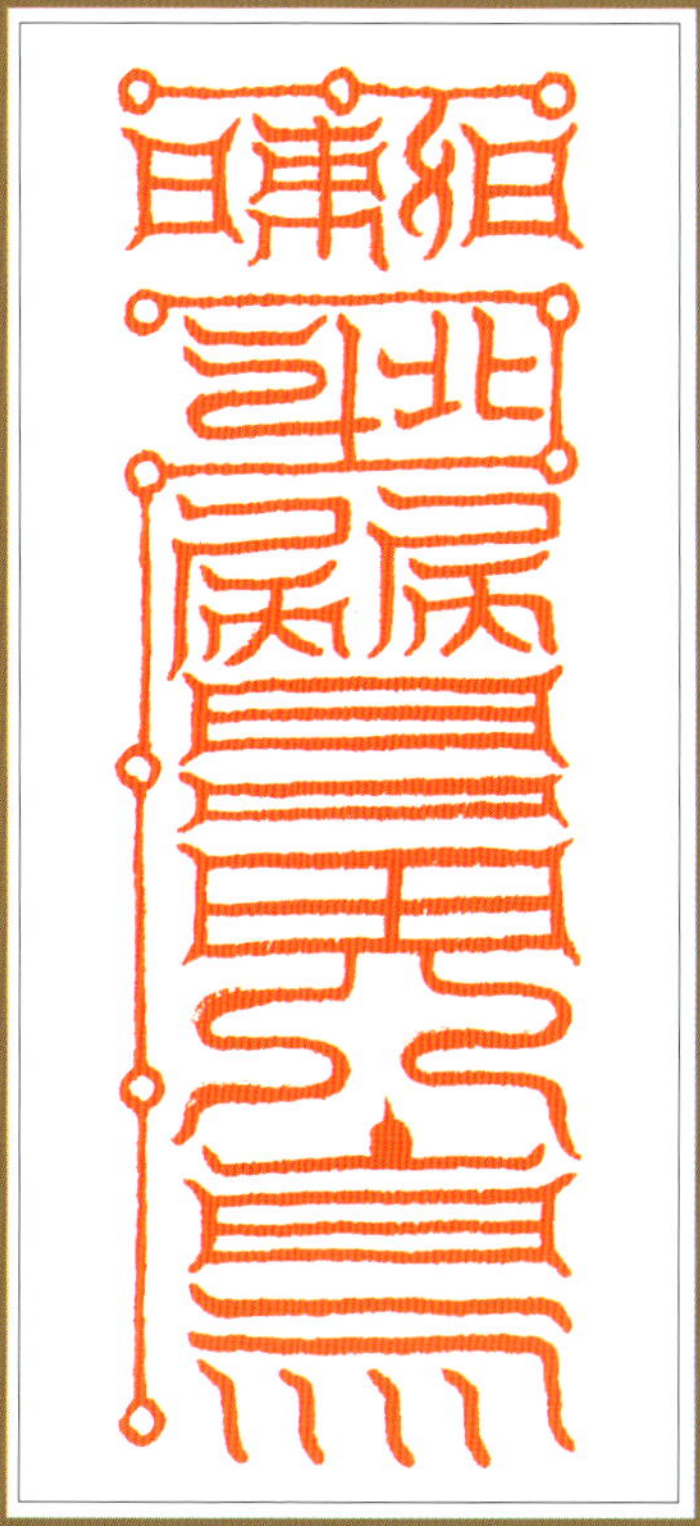

◉千里の彼方にまで悪鬼を祓う

除悪鬼神符（じょあっきしんふ）

現代社会も、ちょっと裏を返せば、まだまだ魑魅魍魎が跋扈する世界です。凶事や災いが起こらぬよう、あるいは起こったらすぐにこの符を所持してください。祟りをなす悪鬼・鬼神を千里の彼方に追い払い、封じてしまう符です。

◉穢れた場所を浄める

解穢符（かいえふ）

穢れを祓う霊符です。穢れを祓いたい場所でこの符を燃やします。正式には唱える呪文があるのですが、これだけでも効果は期待されます。邪気がこもっている場所、ゾクッと寒気がするなど、気になる場所で試してください。

◉妖魔を祓い吉を呼ぶ

辟怪符（へきかいふ）

テクノロジーが進んだからといって、不思議な現象がなくなるわけではありません。世の中には、妖魔の仕業としか思えないような現象も多々あります。この三符を所持していると、妖魔を祓い吉を呼び寄せます。

●日本版ポルターガイストに

鎮家鳴符（ちんやなりふ）

理由もなく家や家具が鳴り響き、揺れ出す、こんな現象が日本各地で古くから知られています。日本版ポルターガイストです。怖くて引っ越しを考えてしまいますが、この霊符は家鳴に霊験がありますので、使ってみてください。

●亡霊の害を防ぐ

制鬼符（せいきふ）

死んだ人たちのさまよう霊がもたらす害を受けないようにするのがこの符です。不幸な死に方をした人や、成仏していない人がいそうな場所にやむなく住まざるを得ないときは、この霊符を所持するとよいでしょう。

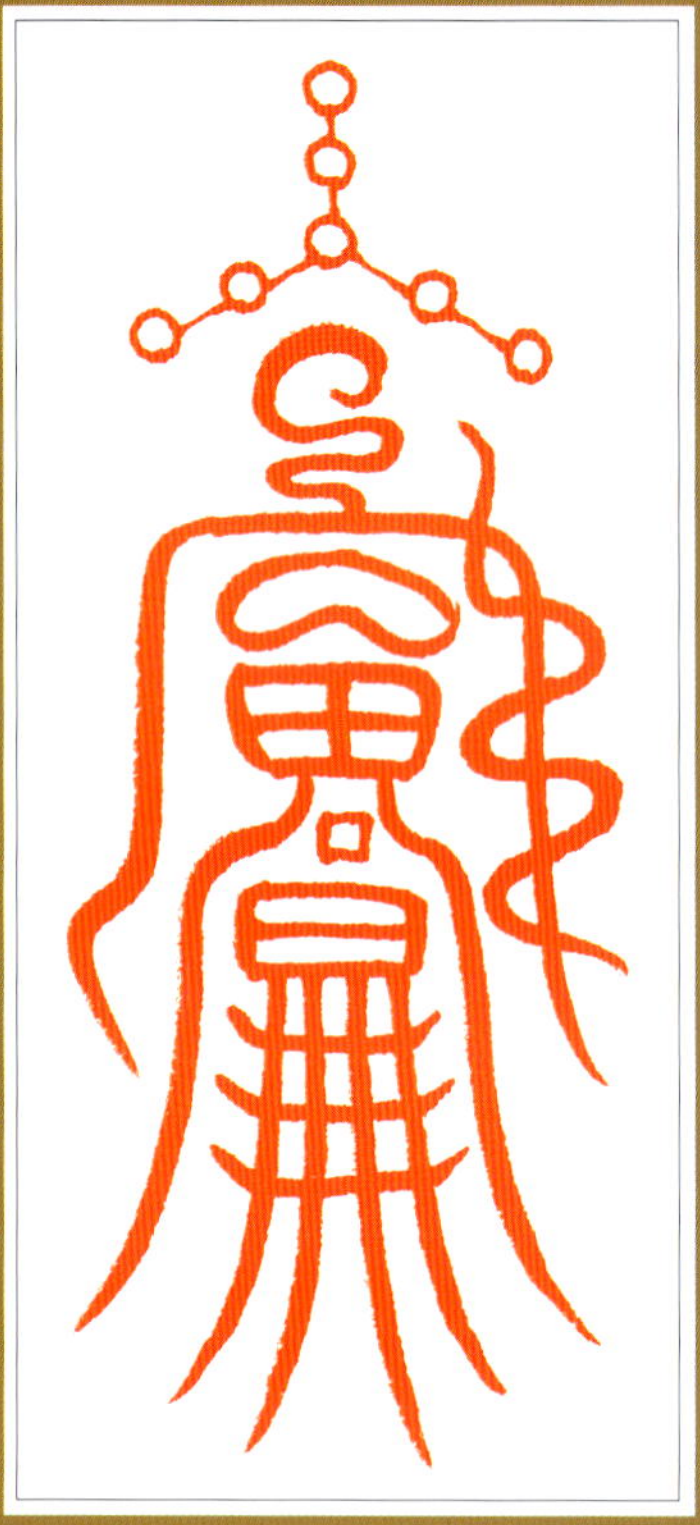

●死霊を鎮める

鎮死霊符（ちんしりょうふ）

恨まれるような身に覚えがなくても、亡くなった人の霊が祟り、様々な病気や災いを引き起こすことがあるといいます。霊を鎮めるには祈禱などをしてもらう方法もあるわけですが、この霊符も、神棚に祀るなどしてください。

●呪いを防ぐ

防呪詛符（ぼうじゅそふ）

とかくこの世は人と人の欲が絡み合い、場合によっては、それが高じて恨んだり恨まれたり、さらには知らぬ間に呪われることになりかねません。呪われていると感じたら、すぐにこの符を家の玄関に立ててください。

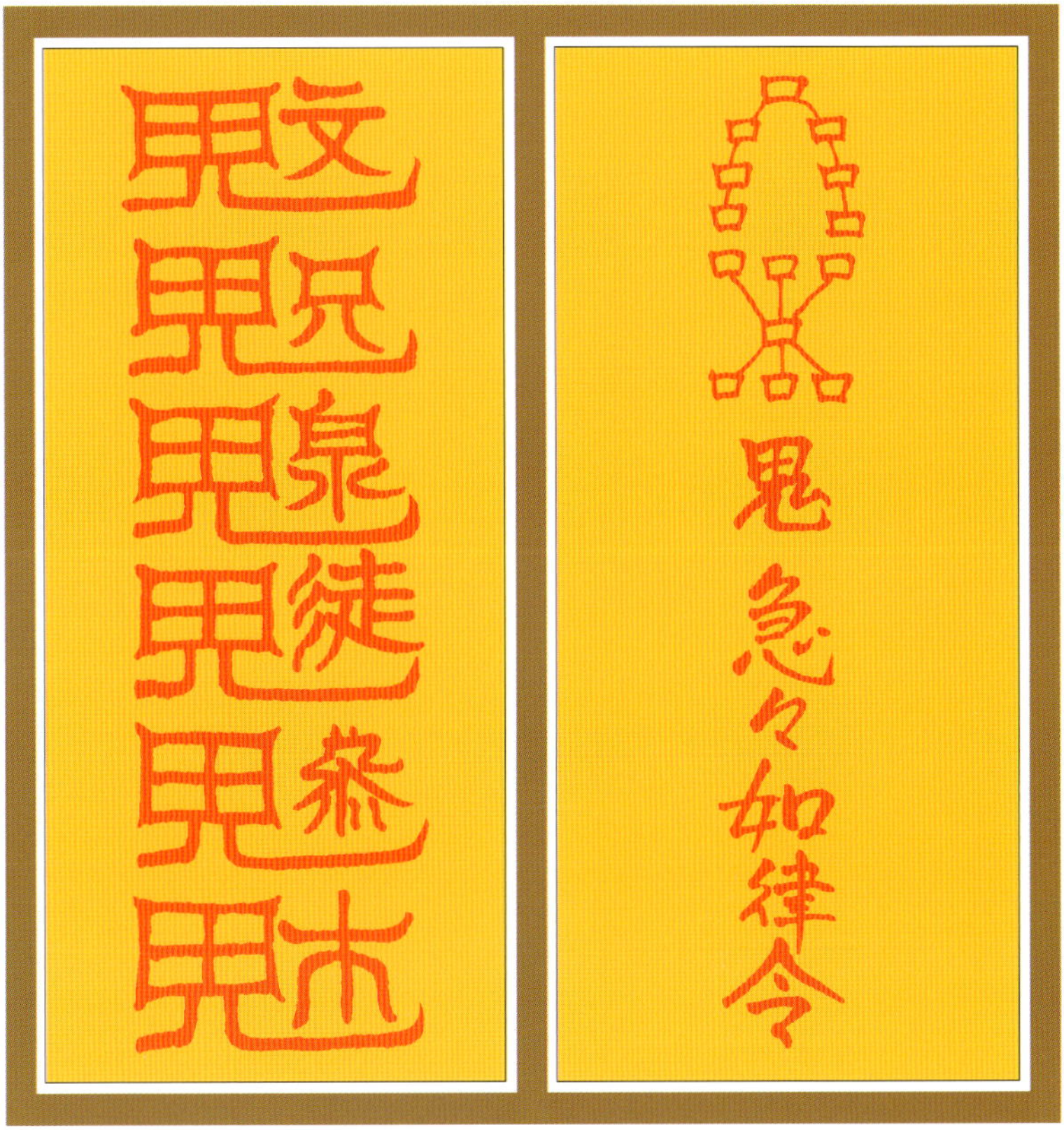

◉呪いをはね返す

呪詛返符（じゅそかえしふ）

人に呪われたときにこの符を所持していると、呪いをはね返すことができます。しかしけっして自分の方から人を呪ったりしないでください。人を呪ったら、その呪いがはね返ってきて、あなたに降りかかってきます。

◉将来の吉凶を予知できる

六丁予知符（ろくていよちふ）

六丁は道教の神様玉女のことです。一ヵ月間、子丑の時（午後十一時〜午前三時）にこの符を水に映してその水を飲み、唾を飲み、しばらく息を止めます。すると玉女が将来の吉凶や安危を心に思い浮かばせてくれるといいます。

◉超能力を得る

神通符（じんつうふ）

　この三組六枚の霊符は、所持しているだけで神霊に通じて神秘的な力を得ることができるという符です。ただしこの符を所持するにあたっては、敬虔な気持ちで、徳を積み、神々に深く感謝し、祈る必要があります。各組一符を所持してもよし、二符を所持すれば二符の力が得られ、三組の符ひとそろいを所持すればさらに大きな霊験が得られるといいます。

【第二伝】

【第三伝】

【著者プロフィール】
大宮司朗（おおみや・しろう）

幼少より霊学･古神道にかかわりのある環境に育ち、研鑽を重ね、太古真法（斎宮神法）、幽真界の各種神法に通じ、現代日本における玄学の第一人者として論文著作は多数にのぼる。その一方、大東流合気術師範、また同流の総合的な研究者としても知られている。玄学修道会および大東流合気柔術玄修会を主宰する。著書に古神道の最終奥義である斎宮神法を開示した『太古真法玄義』、神道的立場から大東流技法を分析し、その口伝をまとめた『真伝合気口訣奥秘』のほか、『古神道玄秘修法奥伝』『言霊玄修秘伝』『神法道術秘伝』（以上八幡書店）、『実践講座1　呪術・霊符の秘儀秘伝』『実践講座2　古神道行法秘伝』『実践講座3　まじない秘伝』『実践講座9　書写 霊符秘伝』『実践講座10　神易占い術』『古神道の身体秘伝―「古事記」の密義』（以上ビイング･ネット･プレス）、共著に『古神道と古流武術』（八幡書店）など多数がある。

霊符浄書／木村襄之
カバー・デザイン／矢野徳子＋島津デザイン事務所

実践講座13　五色彩色 霊符秘典
2012年 3月　3日　初版1刷発行
2025年 4月24日　初版4刷発行

著　者　大宮司朗
発行者　埋田喜子
発行所　株式会社 ビイング・ネット・プレス
〒252-0303　神奈川県相模原市南区相模大野8-2-12-202
電話 042-702-9213　　FAX 042-702-9218
印刷・製本　モリモト印刷株式会社

Printed in Japan
ISBN 978-4-904117-72-9　C0011